시리즈2 · 민수기

문답으로 기억되는 성경

김백문 지음

쿰란출판사

서문

이 책은 성도님들이 더 쉽고 재미있게 성경을 읽도록 하기 위하여 만들었습니다.
또 성경을 읽게 할 뿐 아니라 쉽게 이해하고 기억하도록 하기 위한 책입니다.
성경을 모르고 예수를 믿는 것은 소경이나 중풍병자의 삶과 같이 답답하고 슬프고 무력한 것입니다.
성경을 읽고 알고 이해하고 깨닫게 되면 삶이 보이고 열리게 됩니다. 그리고 비로소 내가 왜 사는지, 내가 왜 믿는지, 나를 주관하시는 분이 누구인지를 알게 됩니다.

이 책은 당신이 성경을 읽고 알고 기억하도록 도울 것입니다.
이 책은 성경 밖에 있던 당신을 성경 안으로 인도할 것입니다.
문답식 성경공부를 통하여 하나님의 사랑이 당신과 함께하시기를 기도합니다.

2014년 5월 1일
저자 김백문 목사
(다음 카페 Thebible)

* 이 책에 사용된 성경구절은 개역한글판을 사용하였음을 밝혀둡니다.

목차

• 문답으로 기억되는 성경 1회

민수기 1–2장

문1. 이스라엘 자손이 애굽 땅에서 나온 후 제 이년 이월 일일에 여호와께서 시내 광야 회막에서 모세에게 말씀하시기를 "너희는 이스라엘 자손의 각 남자의 수를 그들의 가족과 종족을 따라 그 명수대로 조사하여라" 고 하셨습니다. 이것은 이월 일일에 실시된 제1차 이스라엘 자손들의 인구조사였는데 광야에 성막을 세우라 명하신 지 얼마 후의 명령인가요?

답: (출 40:17; 민 1:1) ____________________

문2. 1차 인구조사는 군대로 모집할 남자만을 계수하도록 한 것인데 몇 세 이상이었나요?

답: (1:3) ____________________

문3. 계수함을 입은 자의 총계는 몇 명이었나요?

답: (1:46) ____________________

문4. 이 총 인원에 레위인은 들지 않았습니다. 이는 여호와께서 모세에게 말씀하시기를 레위 지파만은 계수 중에 넣지 말라고 하셨기 때문입니다. 레위인은 왜 전쟁에 나가 싸울 의무에서 면제되었나요?

답: (1:50-51) ________________________________

문5. 이스라엘 자손들은 성막을 중심으로 각각 자기 지파별로 천막을 쳤습니다. 각 지파는 자기 지파 앞에 무엇을 세웠나요?

답: (1:52) ________________________________

문6. 성막과 이스라엘 각 지파 사이 사면에 천막을 치고 다른 지파 사람들이 접근하지 못하도록 성막을 지키는 책임을 부여받은 사람들이 있었습니다. 그들은 어느 지파 사람들이었나요?

답: (1:53) ________________________________

문7. 이스라엘 자손은 12지파인데 그중에 레위 지파를 빼면 11지파입니다. 그런데 싸움을 위한 자를 계수할 때에는 12지파로 계수하였습니다. 어떻게 해서 12지파가 되었나요?

답(1:10, 33-34) ________________________________

문8. 이스라엘 백성은 성막 사면에 각 지파별로 기를 세우고 진을 쳤습니다. 성막 동쪽에 진을 친 세 족속의 이름을 써 보십시오.

답: (2:3-9) ______________________________

문9. 성막 남쪽에 진을 친 세 족속의 이름을 써 보십시오.

답: (2:10-14) ______________________________

문10. 성막 서쪽에 진을 친 세 족속의 이름을 써 보십시오.

답: (2:18-22) ______________________________

문11. 성막 북쪽에 진을 친 세 족속의 이름을 써 보십시오.

답: (2:25-29) ______________________________

문12. 이스라엘 자손은 진행할 때 세 지파에 깃발 하나씩을 세웠는데 성막을 중심으로 십자형의 대형을 갖추고 질서 있게 진행하였습니다. 제1대가 동쪽, 제2대가 남쪽, 제3대가 서쪽, 제4대가 북쪽 그렇게 포진되었는데, 그 모든 행렬 중앙에는 레위 지파가 행군하였습니다. 그들은 무엇을 들고 행군하였나요?

답: (2:17) ______________________________

문13. 12지파 중 동쪽에 진을 친 제1대 진의 우두머리는 어느 지파인가요?

답: (2:3-9) ___________________________

문14. 이스라엘 자손은 여호와께서 모세에게 명하신 대로 다 준행하여 각기 가족과 지파별로 그 기를 따라 진 치기도 하며 진행도 하였습니다. 그처럼 상세하게 지시하시고 엄격한 질서와 규율을 강조하신 분의 이름을 써 보세요. 그분은 성경을 공부하는 성도님과 어떠한 관계인가요?

답: ① 이름 : ___________________________

② 성도님과의 관계: ___________________________

• 문답으로 기억되는 성경 2회

민수기 3-4장

문1. 아론의 아들들은 첫째가 나답, 둘째가 아비후, 셋째가 엘르아살, 넷째가 이다말이었습니다. 이들은 모두 기름 부음을 받아 제사장으로 임명되었습니다. 그런데 나답과 아비후는 시내 광야에서 자식도 없이 여호와 앞에서 죽었습니다. 그래서 엘르아살과 이다말만 아론 앞에서 제사장의 직분을 행하였습니다. 나답과 아비후가 자식도 없이 여호와 앞에서 죽은 이유는 무엇 때문입니까?

답: (3:4) ______________________________

문2. 다른 불이란 무엇을 말하는 것인가요?

답: (레 10:1, 10:5) ______________________________

문3. 레위 지파 사람들에게는 제사장 아론을 도와 일할 수 있도록 하며 그들이 아론과 이스라엘의 모든 백성을 위해 성막에서 거룩한 임무를 수행하게 하라고 하셨습니다. 그래서 레위 지파 사람들을 아론과 그의 아들들에게 배속시켰습니다. 그들의 임무는 다만 아론과 그의 아들들을 돕는 일이었습니다. 제사장 직무는 아론과 그의 아들들만 수행할 수 있는데, 제사장이 아닌 레위 사람이 성소에 접근했을 때는 어떻게 하라고 명하셨나요?

답: (3:10) ____

문4. 여호와께서는 모세에게 레위인을 대신케 하였은즉 레위인은 내 것이라고 하셨습니다. 이스라엘의 장자 대신 레위인을 대신케 하셨다는 말은 무슨 말인가요?

답: (3:13; 출 30:16) ____

문5. 여호와께서는 시내 광야에서 레위 자손을 그들의 종족과 가족을 따라 남자가 몇 명인지 조사하라고 모세에게 말씀하셨습니다. 출생한 지 얼마나 된 남자를 말하나요?

답: (3:15) ____

문6. 레위의 아들들 이름은 게르손, 고핫, 므라리였는데 게르손의 집안에서 출생한 1개월 이상의 남자는 7,500명이었습니다. 게르손 가족들에게는 성막 어느 쪽에 진을 치라 하셨는지 적어보고, 그들이 맡은 일도 써 보십시오.

답: ① (3:23) ____
② (3:25-26) ____

문7. 고핫의 집안에서 출생된 1개월 이상의 남자는 8,600명이었습니다. 고핫의 가족들은 성막 어느 쪽에 진을 쳤으며, 그들이 맡은 임무는 무엇인가요?

답: ① (3:29) ____
② (3:31) ____

문8. 므라리 집안에서 출생된 1개월 이상 된 남자의 수는 6,200명이었습니다. 므라리 가족들은 성막 어느 쪽에 진을 쳤으며, 그들이 맡은 임무는 무엇인가요?

답: ① (3:35) ____________________

② (3:36-37) ____________________

문9. 레위의 세 아들들의 가족이 맡은 모든 성소의 업무를 통할하여 지도할 자는 누구였나요?

답: (3:32) ____________________

문10. 성막 앞 동쪽에 진을 친 가족들은 누구였으며, 그들의 임무는 무엇이었나요?

답: (3:38) ① ____________________

② ____________________

문11. 모세와 아론과 그의 아들들은 성막 정면인 동쪽에 진을 쳤고 레위의 세 아들들의 가족들은 서쪽, 남쪽, 북쪽에 진을 쳐서 누구라도 거룩한 성막에 접근할 수 없었습니다. 직무를 수행하는 자 외에 성소에 접근하는 자는 어떤 처벌을 받았나요?

답: (3:38) ____________________

문12. 진영을 이동할 때는 성막 안의 휘장을 거두어 증거궤를 덮고, 그 위에 해달의 가죽으로 덮고, 그 위에 순청색 보자기를 덮은 후 운반 채를 법궤 고리에 꿰고 또 청색 보자기로 등대와 등잔과 불집게들과 불똥 그릇과 그 쓰는 모든 기름 그릇을 덮고, 그 외의 성막 안 모든 지성물을 청색 보자기에 싸고 해달의 가죽 덮개를 덮었습니다. 성소에 들어가서 그 성소와 모든 기구들을 싸고 덮는 일은 누가 하였나요?

답: (4:5, 15) ________________________________

문13. 아론과 그 아들들이 성소와 성소의 모든 기구를 덮은 후 행진할 때는 그 모든 기구를 누가 운반하도록 하였나요?

답: (4:15) ________________________________

문14. 고핫 자손들에게 거룩한 기구를 메어 운반토록 하였지만 만지지는 말라고 하셨습니다. 왜 만지지 말라 하셨나요?

답: (4:15) ________________________________

문 15. 제사장 아론의 아들 엘르아살이 맡은 임무는 무엇이었나요?

답: (4:16) ________________________________

문16. 고핫 자손은 지성물에 접근할 때 죽지 않으려면 성소에 있는 거룩한 물건을 잠시라도 보면 안 되었습니다. 그렇기 때문에 그들과 함께 들어가서 그들이 할 일과 멜 것을 지휘 감독한 사람들이 있었습니다. 그들은 누구였나요?

답: (4:19) ______________________________

문17. 게르손 자손 중 삼십 세에서 오십 세까지 성막에서 맡은 임무는 성막 휘장과 성막과 그 덮개들, 해달의 가죽으로 된 덮개, 성막 출입구 휘장, 성막과 제단을 둘러 친 포장 뜰의 출입구 막 밧줄 등 이 모든 것에 사용되는 기구를 운반하는 일이었습니다. 그들은 일일이 제사장이 지정해 주는 대로 일을 했는데, 그들에게 직접 지시하고 감독하는 일은 누가 했나요?

답: (4:28) ______________________________

문18. 성막 봉사를 위하여 계수된 므라리 자손은 제사장 아론의 아들 중 누구의 수하에서 지시와 감독을 받았나요?

답: (4:33) ______________________________

문19. 모세와 아론과 회중의 족장들이 여호와의 명령에 따라 고핫 자손과 게르손 자손과 므라리 자손 가운데서 30세부터 50세까지 성막에서 일할 남자들을 계수했는데, 고핫 자손 중에는 2,750명이 계수되었고, 게르손 자손 중에는 2,630명이, 므라리 자손 중에서는 3,200명이 나왔습니다. 성막에서 일할 수 있는 레위인들은 모두 몇 명이었나요?

답: (4:48) ______________________________

• 문답으로 기억되는 성경 3회

민수기 5-6장

문1. 모든 문둥병자와 유출병 있는 자와 시체를 만져 부정하게 된 남녀를 다 진영 밖으로 내보내어 진영을 더럽히게 하지 말라고 하신 이유를 써 보십시오.

답: (5:3) ______________________________

문2. 어떤 남자나 여자가 남에게 피해를 입힌 죄를 범하면 여호와께 패역한 것이므로 그 지은 죄를 자복하고 그 죗값을 온전히 갚으라고 하셨는데, 죗값의 얼마를 더하여 피해자에게 배상하라고 하셨나요?

답: (5:7) ______________________________

문3. 만일 피해자가 죽었을 경우 피해자의 가까운 친척에게 배상하고 친척도 없을 경우에는 그 배상금을 어떻게 하라고 하셨나요?

답: (5:8) ______________________________

문4. 이스라엘 자손이 여호와께 드리려고 제사장에게 가져오는 모든 성물은 다 누구의 것이라고 하셨나요?

답: (5:9-10) ________________________________

문5. 나실인이란 성별에 관계없이 특정기간이나 평생 하나님께 헌신하며 하나님을 섬기기로 특별한 서약을 한 사람을 말합니다. 삼손이나 사무엘, 세례 요한 같은 사람은 평생 나실인으로 살았던 사람들입니다. 여호와께서는 나실인의 서약을 한 사람에게 하지 말아야 할 것과 해서는 안 되는 것들을 지시하셨습니다. 여호와께서 지시하신 것 세 가지를 써 보십시오.

답: ① (6:3-4) ________________________________

② (6:5) ________________________________

③ (6:6-7) ________________________________

문6. 하나님께 헌신하기로 스스로 결심하고 서약한 나실인은 그 기간 동안 여호와께 거룩한 자였습니다. 그런데 어떤 사람이 갑자기 나실인 곁에서 죽어 스스로 구별한 자의 머리를 더럽히면 나실인은 어떻게 해야 했나요?

답: ① (6:9) ________________________________

② (6:10) ________________________________

③ (6:11) ________________________________

④ (6:12) ________________________________

문7. 나실인이 하나님께 헌신하기로 서약한 기간이 끝났을 때의 규정을 써 보십시오.

답: ① (6:13-14) ______________________________

② (6:15) ______________________________

③ (6:18) ______________________________

④ (6:20) ______________________________

문8. 여호와께서 모세에게 말씀하시기를 "아론과 그 아들들에게 이스라엘 자손을 이렇게 축복할지니 내가 그들에게 복을 주리라" 고 말씀하셨습니다. 그 말씀을 세 가지로 써 보십시오.

답: ① (6:24) ______________________________

② (6:25) ______________________________

③ (6:26) ______________________________

• 문답으로 기억되는 성경 4회

민수기 7-8장

문1. 인구 조사를 맡았던 각 지파의 족장들이 여호와께 드린 예물은 덮개 있는 수레 여섯과 소 열둘이었습니다. 두 족장들이 합하여 수레를 하나씩 마련했고, 족장 한 사람이 소 한 마리씩 바친 셈이 된 것입니다. 여호와께서는 족장들이 예물로 드린 수레와 소를 레위인에게 주어 성막 봉사에 쓰게 하라고 하셨습니다. 모세가 수레와 소를 받아 레위인에게 나누어 주었는데 게르손 자손들에게는 수레 둘과 소 넷을 주었고 므라리 자손들에게는 수레 넷과 소 여덟을 주었는데, 고핫 자손에게는 수레도 소도 주지 않았습니다. 왜 고핫 자손에게는 수레도, 소도 주지 않았나요?

답: (7:9) ______________________________

문2. 제단에 기름을 바르던 날에 이스라엘 12지파의 족장들이 제단의 봉헌을 위하여 예물을 가져다가 단 앞에 드렸어요. 그때 여호와께서 모세에게 말씀하시기를 족장들은 하루에 한 사람씩 제단의 봉헌 예물을 드리도록 하라 하셨어요. 그래서 이스라엘의 열두 족장들은 각자 지정된 날에 똑같은 예물을 드렸는데 제 일일부터 예물을 드린 12지파의 족장들을 바친 순서대로 어느 지파 누구의 아들인 누구라고 차례대로 써 보세요.

답: 제1일(7:12) ______________________________

제2일(7:18) ______________________________

제3일(7:24) ______________________________

제4일(7:30) ______________________________

제5일(7:36) ________________________________

제6일(7:42) ________________________________

제7일(7:48) ________________________________

제8일(7:54) ________________________________

제9일(7:60) ________________________________

제10일(7:66) ________________________________

제11일(7:72) ________________________________

제12일(7:78) ________________________________

문3. 모세가 성막 지성소에 들어가서 여호와께 말씀하려 할 때 여호와께서 자기에게 말씀하시는 목소리를 들었습니다. 여호와의 목소리가 어디에서 들려왔나요?

답: (7:89) ________________________________

문4. 아론이 성소 안에 들어가 등을 켤 때에 등잔의 등불이 어느 쪽을 비취게 하라고 하셨나요? 그리고 등잔의 숫자는 몇 개였나요?

답: (8:2) ________________________________

문5. 성막에 들어가 봉사해야 하는 레위인은 먼저 몸을 정결케 하는 예식을 거쳐야 했습니다. 첫째로 그들의 몸에 뿌린 다음 온몸의 털을 밀게 했고, 둘째로 그들의 옷을 깨끗이 빨아 입게 했으며, 셋째로 번제물과 소제물과 속죄제물을 바치게 하였습니다. 그런 다음 이스라엘 자손들이 레위인에게 무엇을 하였나요?

답: (8:10) ________________________________

문6. 레위인은 두 마리의 수송아지 머리에 안수하고 그것을 제물로 드렸는데, 그것은 자신들의 대속물로 삼은 것입니다. 그 수송아지는 각각 무슨 제물로 바쳐졌나요?

답: (8:12) ______________________________

문7. 레위인은 정결케 하여 특별한 예물을 여호와께 바친 후에야 성막에서 직무를 수행할 수 있었습니다. 레위인은 몇 세부터 몇 세까지 성막에서 일하였나요?

답: (8:24-25) ______________________________

• 문답으로 기억되는 성경 5회

민수기 9-10장

문1. 이스라엘 자손들이 시내 광야에서 정월 14일 해질 때에 여호와께서 명하신 율례와 규례대로 유월절을 지켰는데, 사람의 시체로 인하여 부정케 된 사람들은 유월절을 지키지 못하게 하였습니다. 그들이 모세에게 항의하자 여호와께서 시체로 인하여 부정케 된 자나 먼 여행 때문에 유월절을 지키지 못한 자도 마땅히 유월절을 지키되 이렇게 하라 하시며 별도의 날짜를 지정해 주셨습니다. 그들이 따로 유월절을 지키는 날짜는 언제였으며, 어떻게 지키라고 하셨나요?

답: (9:11-12) ______________________________

문2. 이스라엘 백성 가운데 살고 있는 타국인이 유월절을 지키고 싶으면 어떻게 하라고 하셨나요?

답: (9:14) ______________________________

문3. 성막이 세워진 날에 구름이 성막을 덮었으며 그 구름이 불같은 모양으로 변하여 아침까지 그대로 있었습니다. 낮에는 구름이 성막을 덮었고 밤이면 불 모양의 구름이 성막을 덮었는데, 이런 상태는 언제나 계속되었습니다. 구름이 성막에서 떠오를 때 이스라엘 백성은 어떻게 하였으며 구름이 다시 내려와 머물면 어떻게 하였나요?

답: (9:17) ________________________________

문4. 구름이 단 하룻밤만 머물다가 이튿날 아침에 다시 떠오르기도 하였는데, 그럴 때에는 어떻게 하였나요?

답: (9:21) ________________________________

문5. 하루든 한 달이든 일 년이든 구름이 성막 위에 머물러 있을 때는 어떻게 하였나요?

답: (9:22) ________________________________

문6. 나팔 두 개를 만들고 그것을 불어 백성을 소집할 때 사용하라 하셨습니다. 나팔은 무엇으로 만들라고 하셨나요?

답: (10:2) ________________________________

문7. 나팔을 두 개로 불 때와 하나만 불 때의 신호가 달랐습니다. 어떻게 달랐나요?

답: (10:3-4) ________________________________

문8. 나팔을 첫 번째 울려 불 때와 두 번째 울려 불 때의 신호가 달랐습니다. 나팔을 첫 번째 불 때는 어느 쪽에 있는 진들이 진행하였고, 두 번째 불 때는 어느 쪽에 있는 진들이 진행하였나요?

답: (10:5–6) 첫 번째 불 때 : ____________________

두 번째 불 때 : ____________________

문9. 행진 신호를 할 때에는 나팔을 짧게 불고, 소집 신호를 할 때는 길게 불었습니다. 그 은 나팔은 대대로 누구만 불라고 하셨나요?

답: (10:8) ____________________

문10. 이스라엘 백성들은 약속의 땅 가나안에 도착하면 대적해오는 많은 적들과 싸워야 했습니다. 대적을 치러 나갈 때마다 여호와께서 이스라엘 백성을 기억하시어 구원해 주시도록 무엇을 하라고 하셨나요?

답: (10:9) ____________________

문11. 또 하나님께서 이스라엘 백성을 기억하시도록 언제 나팔을 불라고 하셨나요?

답: (10:10) ____________________

문12. 이스라엘 백성이 애굽에서 떠나온 지 이 년째 되는 해 2월 20일 구름이 성막에서 떠올랐습니다. 그래서 이스라엘 자손들은 시내 광야에서 출발하여 구름이 바란 광야에 멈출 때까지 행진하였습니다. 이때 행렬 선두에서 어느 지파가 행진하였나요?

답: (10:14) ____________________

문13. 유다 자손들이 선두에 진행하고 그 뒤를 따라 잇사갈 지파의 군대 그 뒤를 따라 스불론 지파의 군대가 행진하였는데, 그다음으로 어느 지파 자손이 무엇을 가지고 뒤따라갔나요?

답: (10:17) ____________________

문14. 성막을 멘 게르손 자손과 므라리 자손 다음으로 남쪽 진영의 군대가 출발하였는데 그들은 어느 지파였나요? 남쪽 진영 지파의 군대를 순서대로 써 보십시오.

답: (10:18-20) ① ____________________

② ____________________

③ ____________________

문15. 르우벤, 시므온, 갓 지파의 군대를 뒤이어 고핫 자손들도 성물을 메고 진행하였는데 고핫 자손들이 도착하기도 전에 성막을 세웠다는 것은 무슨 말인가요?

답: (10:21) ____________________

문16. 모세가 우리와 동행하여 가나안으로 함께 가자고 애원한 사람이 있었습니다. 그 사람은 누구입니까? 모세와 어떤 관계이며, 이름은 무엇인가요?

답: (10:29) ______________________________

문17. 이스라엘 자손들이 행진할 때에 낮에는 여호와의 구름이 그 위에 덮었습니다. 여호와의 언약궤가 떠날 때마다 모세가 어떻게 외쳤으며, 언약궤가 멈출 때는 또 어떻게 외쳤나요?

답: (10:35) ① 떠날 때: ______________________________

(10:36) ② 멈출 때: ______________________________

민수기 11-12장

문1. 백성들이 고생을 참지 못하고 악한 말로 원망하는 것을 여호와께서 들으시고 진노하사 불을 내려 진영 한 쪽 끝을 태우기 시작했습니다. 백성들이 살려 달라고 부르짖으므로 모세가 여호와께 기도하자 불이 꺼졌습니다. 그런 일이 있었던 곳 이름을 무엇이라고 했나요?

답: (11:3) ______________________

문2. 이스라엘 백성들 가운데에는 많은 잡족들이 섞여 있었는데, 이들은 하나님의 크신 능력을 보고 이스라엘 백성들을 따라 나선 사람들이었습니다. 이들은 애굽에 있을 때 먹었던 맛있는 음식들을 들먹이며 이스라엘 백성들을 자극했습니다. 그러자 백성들은 다시 울며 말하기를 "애굽에 있을 때가 좋았어. 그때는 고기든 생선이든 오이, 참외, 부추, 파, 마늘 등 값없이 먹을 수 있었는데, 지금은 만나밖에 먹을 게 없으니 입맛이 없지. 이게 무슨 꼴이냐" 하고 불평하였습니다. 이렇게 불평하면서 우는 소리를 누가 들었나요?

답: (11:10) ______________________

문3. 이 때문에 모세가 여호와께 호소한 내용이 11-15절까지 기록되어 있습니다. 모세가 여호와께 한 말을 간략하게 줄여서 세 가지만 써 보십시오.

답 ① ______________________________

② ______________________________

③ ______________________________

문4. 여호와께서 모세에게 말씀하시기를 "이스라엘 노인 중 장로와 유사된 자 칠십인을 데리고 회막 앞 내 앞에 이르러 거기서 너와 함께 서게 하라 내가 강림하여 네게 임한 신을 그들에게도 임하게 하라" 하셨습니다. 그들이 무엇을 하게 하기 위하여 신(神)을 내려 주신다고 한 것인가요?

답: (11:17) ______________________________

문5. "너는 백성에게 말하라. 내일 고기 먹을 준비를 하라고 하고 너희가 울면서 누가 우리에게 고기를 줄 것인가 하고 원망하고 불평하는 소리를 여호와께서 들으셨으므로 여호와께서 고기를 주어 먹게 하실 것이라. 하루나 이틀이나 닷새나 열흘이나 이십일만 먹게 하시는 것이 아니라 코에서 냄새가 나도록 한 달 내내 먹게 하실 것이다. 너희는 너희 가운데 거하시는 여호와를 멸시하고 애굽에서 인도하신 여호와를 원망하고 후회하고 있다." 그때 모세는 여호와께 뭐라고 말했나요?

답: (11:21) ______________________________

문6. 21-22절에는 여호와의 말씀에 모세가 회의하며 의심 섞인 대답을 하였습니다. 이것은 모세가 여호와의 능력을 못 믿거나 불신앙에서 비롯된 것입니까? 그렇지 않습니다. 당시 모세와 여호와 하나님과의 관계는 친구와 같았습니다. 출애굽기 33장 11절에 사람이 그 친구와 이야기함같이 여호와께서는 모세와 대면하여 말씀하셨다고 하였습니다. 모세의 이 같은 말에 여호와께서는 모세에게 친구를 설득하듯 말씀하셨는데, 그때 여호와께서는 뭐라고 하셨나요?

답: (11:23) ________________________________

문7. 모세가 여호와의 말씀대로 이스라엘 장로 칠십 인을 불러 모아 장막에 세우자 여호와의 신이 그들에게 임하신 때에 잠시 동안 예언을 하였습니다. 녹명된 칠십 인 중에 엘닷과 메닷은 진에 머물고 모임에 나가지 아니하였는데 그들에게도 여호와의 신(神)이 임하였으므로 그들도 예언을 하였습니다. 그 말을 들은 여호수아가 모세에게 "모임에 참석하지 않은 그들이 예언을 한다니 못하게 해야 하지 않습니까"라고 하자 그때 모세는 여호수아에게 뭐라고 하였습니까?

답: (11:29) ________________________________

문8. 여호와께서 말씀하신 대로 바람을 보내어 바다에서부터 메추라기를 몰아 진과 그 주변 일대 사방으로 하룻길 떨어진 지역까지 메추리가 날아왔습니다. 그것들은 얼마의 높이로 날아다녔나요?

답: (11:31) ________________________________

문9. 사람들은 밤낮으로 메추라기를 잡았는데 가장 적게 잡은 사람이 십 호멜(약 10 가마) 정도였습니다. 그들은 그것을 말리려고 진 주변 사방에 널어놓았습니다. 그러나 여호와께서는 그들의 원망과 탐욕을 징치하시어 그들을 큰 재앙으로 치셔서 이스라엘 백성이 많이 죽었습니다. 그곳 이름을 무엇이라고 하며, 그 뜻은 무엇인가요?

답: (11:34) ______________________________

문10. 모세의 본처 십보라가 죽은 후 모세가 구스 여자와 결혼한 것 때문에 미리암과 아론은 모세를 비방하였습니다. 미리암과 아론은 모세만 하나님의 능력을 받은 것이 아니고 자기들도 하나님의 능력을 모세만큼 받았다고 주장하면서 모세를 비난한 것입니다. 모세는 세상의 그 누구보다도 온유하고 겸손한 사람이었습니다. 여호와께서는 그들의 말을 들으셨고, 갑자기 모세와 아론과 미리암을 회막으로 불러내셨습니다. 그리고 말씀하시기를 "너희 중에 선지자가 있으면 나 여호와가 그에게 이상으로 나를 그에게 알리기도 하고 꿈으로 그에게 말하기도 하거니와 내 종 모세는 그렇지 아니하니 그는 나의 온 집에 충성됨이니라" 고 하셨습니다. 여호와께서 모세와 대면할 때는 어떤 식으로 대면하신다고 하시며 또 무엇이라 말씀하셨나요?

답: (12:8) ______________________________

문11. 여호와께서 아론과 미리암에게 진노하시고 떠나셨을 때 미리암에게 무슨 일이 일어났나요?

답: (12:10) ______________________________

문 12. 문둥병에 걸린 미리암을 본 아론이 모세에게 뭐라고 했나요?

답: (12:11) ____

문13. 모세가 여호와께 부르짖어 미리암을 고쳐달라고 했을 때 여호와께서 모세에게 무슨 말씀을 하셨나요?

답: (12:14) ____

문14. 그 일로 이스라엘 자손들이 행진하지 못하다가 그 후에 하세롯을 떠나 어디로 가서 진을 쳤나요?

답: (12:16) ____

민수기 13–14장

문1. 모세는 각 지파에서 대표 한 사람씩 뽑아서 가나안 땅을 탐지해 오라고 명령했습니다. 그래서 모세는 각 지파에서 한 사람씩 대표를 뽑아 가나안 땅을 정탐해 오도록 보냈습니다. 그것은 어디서 한 일인가요?

답: (13:3) ______________________________

문2. 여호수아의 본래 이름은 호세아(구원)였는데 모세가 여호수아(하나님은 구원이시다)라고 고쳐주었습니다. 여호수아는 어느 지파 사람이며 또 갈렙은 어느 지파 사람인가요?

답: (13:8) 여호수아 – ______________________________
(13:6) 갈렙 – ______________________________

문3. 모세가 정탐꾼들을 가나안으로 보내며 어느 길 어디로 올라가라고 하였나요?

답: (13:17) ______________________________

문4. 가나안 땅에서 무엇을 탐지하라고 하셨는지 6가지를 써 보십시오.

답: (13:18-20) ______________________________

____

문5. 정탐꾼들은 가나안 땅을 40일간 탐지한 후 돌아왔는데 그들이 돌아올 때 가나안 땅의 실과를 가져왔습니다. 그들이 가지고 온 실과가 무엇이었는지 세 가지를 써 보십시오.

답: (13:23) ______________________________

문6. 정탐꾼들은 에스골(포도송이라는 뜻) 골짜기에서 베어 온 포도송이와 석류, 그리고 무화과를 이스라엘 자손 온 회중에게 보이고 "우리가 본 그 땅은 과연 젖과 꿀이 흐르는 땅이었다"고 말하였습니다. 그러나 "그 땅 거민은 강하고 성읍은 심히 클 뿐 아니라 거기서 아낙 자손을 보았으며 아말렉 인은 남방 땅에 거하고 헷 사람, 여부스 사람 아모리 사람은 산지에 거하고 가나안 사람은 해변과 요단가에 거하더이다"라고 했을 때 회중들은 두려워하고 놀라고 말았습니다. 회중들의 반응을 본 정탐꾼 하나가 그들을 안심시키는 말을 했습니다. 그 사람의 이름은 무엇이며, 뭐라고 말했나요?

답: (13:30) ______________________________

문7. 그러나 갈렙과 함께 정탐했던 다른 열 사람들은 뭐라고 말했습니까? 그 내용을 세 가지로 나누어 써 보십시오.

답: (13:31) ① ______________________________

(13:32) ② ______________________________

(13:33) ③ ________________________________

문8. 가나안 땅을 정탐하고 돌아온 열 사람의 비관적인 보고에 이스라엘 자손은 밤새도록 울었고 모세와 아론을 원망하였습니다. 그들이 원망한 내용이 무엇이었는지 세 가지로 나누어 써 보십시오.

답: ① (14:2) ________________________________

② (14:3) ________________________________

③ (14:4) ________________________________

문9. 이스라엘 자손의 그 같은 원망을 들은 모세와 아론은 어떻게 하였습니까?

답: (14:5) ________________________________

문10. 가나안 땅을 정탐했던 여호수아와 갈렙 두 사람이 그들의 옷을 찢고 이스라엘 온 회중을 설득했습니다. 무슨 말로 설득했는지 세 가지로 나누어 써 보십시오.

답: ① (14:7) ________________________________

② (14:8) ________________________________

③ (14:9) ________________________________

문11. 여호수아와 갈렙의 말을 들은 온 회중은 어떤 반응을 보였나요?

답: (14:10) ________________________________

문12. 온 회중이 여호수아와 갈렙을 돌로 치려고 하는 순간 여호와의 영광이 회막에서 이스라엘 모든 자손에게 나타나셨습니다. 그때 여호와께서는 모세에게 무엇을 말씀하셨나요?

답: (14:11-12) ________________________________

문13. 여호와께서는 이스라엘 자손을 선민으로 세운 것을 취소하시고 새로운 민족을 세워 주시겠다고 모세에게 말씀하셨습니다. 이것은 여호와께서 모세에게 두 번째로 같은 말씀을 제안하신 것입니다(출 32:10). 모세가 시내 산에서 더디 내려오자 그들은 금송아지를 만들어 그것에게 제사하며 뛰놀았고 그것을 숭배하며 그들은 그것이 애굽에서 자신들을 인도한 신이라고 하였습니다. 그때 여호와께서 "이 백성은 목이 곧은 백성이로다" 하시고 "내가 저들을 진멸하고 너로 큰 나라가 되게 하리라" 고 하셨습니다. 그때 모세는 여호와께 무슨 말을 하였습니까?

답: ① (14:15-16) ________________________________

② (14:19) ________________________________

문14. 여호와께서는 모세의 말을 들으시고 정 그렇다면 네 말을 존중하여 이번에도 그냥 넘어가겠으나 내가 맹세하거니와 나의 영광과 애굽과 광야에서 행한 나의 이적을 보고도 열 번이나 나를 시험하고 내 말을 불순종한 그 사람들에게는 내가 이렇게 대해주겠다고 하였습니다. 그 사람들은 어떻게 된다고 하셨나요?

답: (14:23) ________________________________

문15. 그러나 그들과 다른 생각을 가졌던 갈렙에 대해서는 뭐라고 말씀하셨나요?

답: (14:24) ____________________

문16. 여호와께서 모세와 아론에게 말씀하시기를 "이 악한 회중을 내가 어느 때까지 참겠느냐, 그들이 나를 향하여 원망하는 그 말을 내가 다 들었다. 나의 삶을 두고 맹세하거니와, 그들의 말이 내 귀에 들린 대로 내가 그들에게 행하리니 너희 시체가 이 광야에서 죽을 것이다"라고 하셨습니다. 두 사람만 제외하고 몇 세 이상이 다 죽고 결단코 가나안 땅에 들어가지 못한다고 하셨나요?

답: (14:29) ____________________

문17. "너희가 사로잡히겠다고 말하던 너희의 유아들은 내가 가나안 땅으로 인도하여 들이리니 그들은 너희가 싫어하던 땅을 보려니와 너희는 이 광야에서 다 죽으리라 너희 자녀들은 너희의 패역한 죄를 지고 이 광야에서 죽은 너희 시체가 다 소멸되기까지 40년을 광야에서 유리하는 자가 되리라" 하셨습니다. 왜 40년을 유리한다고 하셨나요?

답: (14:34) ____________________

문18. 모세의 보냄을 받고 가나안 땅을 탐지한 12명은 모두 어떻게 되었나요?

답: (14:37-38) ____________________

문19. 모세가 이스라엘 자손에게 여호와의 말씀을 전했을 때 그 백성들이 크게 슬퍼하며 아침에 일찍 일어나 산간지대로 올라가며 말하기를 "보십시오. 우리가 여호와께서 약속하신 땅으로 올라갑니다" 하였습니다. 그 말을 들은 모세가 "너희는 왜 또 여호와의 명령을 불순종하느냐, 올라가지 말라, 너희가 올라가도 성공하지 못한다. 너희가 여호와를 배반하였으므로 여호와께서 너희와 함께 하지 않는다. 너희가 올라가려는 그곳에는 아말렉 족과 가나안 족이 있다. 올라가면 너희는 그들의 칼에 죽게 된다" 고 하였습니다. 모세의 말을 들은 그들은 어떻게 하였나요?

답 (14:44) ____________________________________

• 문답으로 기억되는 성경 8회

민수기 15–16장

문1. 화제는 제물을 불에 태우는 제사인데 제단 위에서 불사르는 모든 제사의 총칭이고, 낙헌제란 자발적이고 기쁜 마음으로 하나님께 예물을 드리는 제사를 말합니다. 낙헌제물은 흠 없는 수컷으로 소, 양, 염소를 화목제나 번제로 드렸습니다. 그런데 소나 양으로 제사 드릴 때에는 고운 밀가루와 기름을 섞은 소제로 드리라고 하셨습니다. 이때 고운 밀가루와 기름의 양을 얼마로 하라고 하셨나요?

답: (15:4) ① 고운 밀가루: ______________________

② 기름: ______________________

문2. 이스라엘 사람들 가운데 있는 타국인이 여호와께 제사를 드리고자 할 때는 모든 규정들이 다른가요?

답: (15:16) ______________________

문3. 만일 어떤 사람이 무의식중에 죄를 범하면 그는 일 년 된 암염소를 속죄제물로 여호와께 바쳐야 하고 제사장은 그를 위해서 속죄해야 했습니다. 그러면 그 사람이 용서받게 되었습니다. 그러나 이스라엘 사람이든 타국인이든 고의적으로 죄를 범하였을 때는 어떻게 하라고 하셨나요?

답: (15:30-31) ____________________________________

문4. 이스라엘 자손이 광야에 거할 때 어떤 사람이 안식일에 나무하는 것을 발견했습니다. 그것을 본 자들이 그를 회중 앞으로 끌어 왔으나 어떻게 처리해야 하는지 알지 못하여 가두어 두었습니다. 여호와께서는 모세에게 그 사람을 어떻게 처리하라고 지시하셨나요?

답: (15:35) ____________________________________

문5. 이스라엘 백성들이 여호와의 명령을 기억하고 지키며 방종한 생각이나 욕심을 따라 살지 않고 거룩하게 살도록 하기 위하여 옷에 무엇을 표시하라고 하셨나요?

답: (15:38) ____________________________________

문6. 레위의 증손 고핫의 손자 이스할의 아들 고라와 르우벤 자손 엘리압의 아들 다단과 아비람, 벨렛의 아들 온 그리고 이스라엘 백성의 지도자 250명이 모세와 아론에게 몰려와 반기를 들었습니다. 그들이 반기를 든 그 이유는 무엇 때문이었나요?

답: (16:3) ____________________________________

문7. 모세가 듣고 땅에 엎드려 기도한 다음 일어나 고라와 그 모든 무리에게 무슨 말을 하였는지 간략하게 써 보십시오.

답: (16:5-11) ____________________________________

문8. 모세가 엘리압의 아들 다단과 아비람을 부르러 사람을 보내었는데 그들은 거절하며 "모세는 왕이 되려는 야망을 가지고 우리를 속여 애굽 땅에서 이 광야로 끌고나와 우리를 죽이려 하고 있다" 고 하며 모세를 악한 지도자로 매도하였습니다. 그 말을 들은 모세는 몹시 화가 나서 여호와께 어떻게 기도했나요?

답: (16:15) ______________________________

문9. 모세가 고라에게 내일 너와 너의 온 무리는 향로 250개에 불을 담아 가지고 오라고 하여 아론과 함께 회막문 앞에 섰을 때, 고라는 온 회중 앞에서 모세와 아론을 대적하였습니다. 그때 여호와의 영광이 온 회중에게 나타났습니다. 그리고 모세와 아론에게 "너희는 이 회중에게서 떠나라. 내가 순식간에 그들을 다 죽이겠다" 고 말씀하셨습니다. 그때 두 사람이 엎드려 하나님께 구한 기도가 무엇입니까?

답: (16:22) ______________________________

문10. 여호와께서는 모세와 회중에게 명하여 고라와 다단과 아비람의 장막 사면에서 떠나라고 하셨습니다. 모세가 다단과 아비람에게로 가니 이스라엘 장로들이 쫓아갔습니다. 모세는 회중에게 "너희 모두는 이 악인들의 장막에서 떠나고 그들의 물건은 아무것도 만지지 말라. 너희도 저들과 함께 멸망할까 두렵다" 하므로 무리가 고라와 다단과 아비람의 장막 사면을 떠나고 다단과 아비람은 그 처자와 유아들과 함께 나와서 자기 장막 문에 섰습니다. 모세가 말하기를 "여호와께서 나를 보내사 이 모든 일을 행케 하신 것이요. 나의 임의로 함이 아닌 줄을 이 일로 인하여 알리라" 하고 "여호와께서 땅으로 입을 벌려 이 사람들과 그들의 모든 소속을 삼켜 산 채로 음부에 빠지게 하시면 이 사람들이 과연 여호와를 멸시한 것인 줄을 너희가 알리라" 고 하였습니다. 모세의 이 말이 끝나자마자 무슨 일이 일어났나요?

답: (16:31–33) ______________________________

문11. 고라와 함께 모세에게 반기를 들었던 250명은 어찌 되었나요?

답: (16:35) ______________________________

문12. 제사장 엘르아살에게 명하여 "불타고 있는 향로 250개의 불을 다른 곳에 쏟고 그 향로는 쳐서 편철을 만들라. 사람들은 범죄하여 그 생명을 스스로 해하였으나 그들이 여호와 앞에 드린 향로는 거룩하다"고 하셨습니다. 그 향로를 쳐서 편철을 만들어 무엇을 하라고 하셨나요? 그리고 그 목적은 무엇인가요?

답: (16:39–40) ______________________________

문13. 그 이튿날 이스라엘 백성들의 회중이 모세와 아론에게 "너희가 여호와의 백성을 죽였노다" 하고 또 원망하였습니다. 그래서 여호와께서 진노하사 그들을 치셨습니다. 그들 가운데 무슨 병이 시작되었나요?

답: (16:47) ______________________________

문14. 아론은 모세의 명을 받고 무엇을 하였나요?

답: (16:47–48) ______________________________

문15. 고라의 반역으로 고라와 함께 반역을 시도한 모든 자들 외에 염병으로 죽은 자가 모두 몇 명이었나요?

답: (16:49) ________________________________

•문답으로 기억되는 성경 9회

민수기 17-18장

문1. 여호와께서 모세에게 "너는 이스라엘 12지파 각 종족에서 각각 지팡이 하나씩 가져오게 하여 그 지팡이에 각 족장의 이름을 쓰게 하고 레위 지파 지팡이에는 아론의 이름을 쓰라" 고 하셨습니다. 그 모든 지팡이를 어디에 갖다 놓으라고 하셨나요?

답: (17:4) ________________________________

문2. 다음날 모세가 성막 안에 들어가 보았을 때 그 지팡이들 가운데 한 지팡이에 무슨 일이 일어났나요?

답: (17:8) ________________________________

문3. 여호와께서는 아론의 살구 열매 맺힌 지팡이로 무엇을 하라고 하였나요?

답: (17:10) ________________________________

문4. 살구나무의 살구 열매는 히브리어로 '샤:카드' 이고 '샤카드' 는 '잠자다, 깨어 눈을 뜨다', '지켜보다' 그런 뜻입니다. 지팡이는 말씀을 뜻합니다. 하나님을 믿는 우리는 모두 말씀의 지팡이를 가지고 있는데, 우리가 가진 지팡이에 살구 열매가 열리게 하기 위해서는 어떻게 하는 것이 좋을까요?

답: ______________________________

문5. 이스라엘 백성들이 모세에게 말하기를 "여호와의 성막에 가까이 가는 자마다 다 죽게 되었으니 우리가 이렇게 다 죽고 망해야 하는 것입니까?" 그들이 성소에 대한 죄를 짓지 않게 하기 위해서 누구로 성소를 지키게 하였나요?

답: (18:3) ______________________________

문6. 이스라엘 자손이 여호와께 거제로 드리는 모든 성물은 아론과 그의 아들들에게 영영한 음식으로 주신다고 하였습니다. 이것이 여호와 앞에 아론과 그의 후손들에게 변하지 않는 무슨 언약이라고 하셨나요?

답: (18:19) ______________________________

문7. 오직 레위인은 성막에서 봉사하는 대가로 이스라엘 자손들에게서 십일조를 받았습니다. 그 대신 레위인들에게는 기업이 없었습니다. 레위인들에게는 무엇이 기업과 같았나요?

답: (18:21) ______________________________

문8. 레위인들이 이스라엘 자손들에게서 십일조를 받을 때에는 십일조의 십일조를 떼어 여호와께 거제로 바치라고 하였습니다. 여호와께 바친 예물은 누구에게 주라고 하셨나요?

답: (18:28) ______________________________

문9. 사람이나 짐승이나 처음 난 것은 다 여호와의 것이라 하시고 처음 출생한 사람은 은 다섯 세겔로 대속하라 하셨습니다. 그러나 처음 난 것이라도 소나 양이나 염소는 속하지 말고 그것을 잡아 그 피는 단에 뿌리고 그 기름은 불살라 여호와께 향기로운 화제로 드릴 것이라 하셨습니다. 요제로 바친 가슴과 우편 넓적다리 고기는 다 누구의 것이라 하셨나요?

답: (18:11) ______________________________

• 문답으로 기억되는 성경 10회

민수기 19-20장

문1. 여호와께서는 이스라엘 백성에게 부정을 씻는 잿물을 만드는 방법을 말씀하셨습니다. 온전하여 흠이 없고 아직 멍에를 메지 아니한 붉은 암송아지를 진영 밖으로 끌고 가서 제사장이 보는 앞에서 그것을 잡도록 하였습니다. 그 잡은 암소의 가죽과 고기, 피와 똥을 모두 불사르게 하고 제사장에게 그 암송아지가 타는 불 가운데 무엇을 던져 넣으라 하였는데, 그 세 가지를 써 보십시오.

답: (19:6) ① ______________ ② ______________ ③ ______________

문2. 암송아지를 태울 때 함께한 사람들과 제사장은 그들의 옷을 빨고 목욕을 한 후에야 진영에 들어갈 수 있었습니다. 깨끗한 자가 불태운 송아지의 재를 거두어 진영 밖 깨끗한 곳에 두었다가 백성들의 부정을 깨끗게 하는 잿물을 만드는 데 쓰라 하셨습니다. 만일 사람의 시체를 만진 자는 그 부정함을 무엇으로 씻어 정하게 하라고 하셨나요? 또 두 번을 씻으라 하셨는데 시체를 만진 날로부터 각각 며칠 후에 씻으라고 하셨나요?

답: (19:12) ________________________________

문3. '천막 안에서 사람이 죽었을 때는 그 천막에 들어가는 자와 천막에 있던 자가 다 칠 일 동안 부정할 것이며 천막 안에 뚜껑을 덮어 놓지 않은 모든 그릇도 부정할 것'이라고 하셨습니다. 또 '들에서 칼에 맞아 죽은 자나 시체나 사람의 뼈나 무덤을 만졌으면 그 사람도 칠 일 동안 부정할 것' 이라고 하셨습니다. 그 사람이 정결하게 되려면 어떻게 해야 했는지 세 가지로 나누어 써 보십시오.

답: ① (19:17) ____________________

② (19:18) ____________________

③ (19:19) ____________________

문4. '사람이 부정하면서도 정결케 하는 물로 뿌림을 받지 않으면 부정하다' 하셨습니다. '정결케 하는 물을 뿌린 자는 그 옷을 빨 것이며 정결케 하는 물을 만지는 자도 저녁까지 부정하다' 하였으며 '부정한 자가 만진 것은 무엇이든지 부정할 것이며 부정한 사람이 만진 것을 만지는 자도 저녁까지 부정할 것' 이라고 하셨습니다. 이러한 말씀을 공부하면 우리는 정결의 율법이 비록 의식적인 것이긴 하나 오염이나 전염을 막기 위해서 얼마나 철저하였는지 알 수 있습니다. 그렇다면 부정이란 영적으로 무엇을 뜻하는 것인지 여러분의 깨달음을 적어보십시오.

답: ____________________

문5. 정월에 이스라엘 자손 곧 온 회중이 신 광야에 이르러서 백성이 가데스에 거할 때 미리암이 죽어 거기에 장사되었습니다. 미리암은 이스라엘 역사에 매우 중요한 역할을 하였던 여성이었습니다. 미리암은 누구였으며 그녀가 가장 중요한 역할을 했던 사건은 무엇이었나요?

답: (출 2:1-10) ① ____________________

② ____________________

문6. 가데스에는 물이 없었기 때문에 회중이 모세와 아론에게 몰려와 항의를 하였습니다. "우리 형제들이 여호와 앞에서 죽을 때 우리도 함께 죽지 못한 것이 원망스럽소. 당신이 왜 우리를 이 광야로 끌고 나와서 짐승들과 함께 죽이려 하시오. 어째서 이 악한 곳으로 우리를 끌고 온 것이오. 이곳은 파종할 곳도 없고 무화과도 포도도 석류도 없고 심지어 마실 물도 없지 않소." 모세와 아론이 총회 앞에서 떠나 성막 입구에 엎드리자, 여호와께서 영광의 광채로 나타나셔서 모세에게 말씀하셨습니다. 그때 무슨 말씀을 하셨나요?

답: (20:8) ______________________________

문7. 모세는 여호와의 명령대로 지팡이를 가지고 총회를 반석 앞에 모았습니다. 그 때 모세와 아론은 여호와의 말씀대로 하지 않았습니다. 여호와께서는 '반석은 이 회중을 위하여 물을 내라', 그렇게만 하라고 했는데 모세와 아론은 어떻게 하여 반석에서 물을 솟아나게 하였나요?

답: (20:11) ______________________________

문8. 고린도전서 10장 4절을 보면 이스라엘 백성들이 반석에서 솟아난 신령한 음료를 마셨는데, 그 반석은 곧 그리스도라고 하였습니다. 그렇다면 모세와 아론이 지팡이로 반석을 두 번 쳐서 물을 솟아나게 하였다면, 누구를 지팡이로 쳐서 물을 내게 한 것인가요?

답: ______________________________

문9. 여호와께서는 모세와 아론에게 "너희가 나를 믿지 아니하고 이스라엘 자손의 목전에 나의 거룩함을 나타내지 아니한 고로 너희는 이 총회를 내가 그들에게 준 땅으로 인도하여 들이지 못하리라" 고 하셨습니다. 그들에게 준 땅이란 어디를 말씀하시는 것인가요?

답: ______________________________

문10. 모세가 가데스에서 에돔 왕에게 사신을 보내어 말하기를 "우리는 당신의 친척 이스라엘의 후손입니다. 우리 조상들이 애굽으로 내려가 거기서 오래 거하였는데 애굽인이 우리 열조와 우리를 학대하였으므로 우리가 여호와께 부르짖었더니 여호와께서 들으시고 천사를 보내어 우리를 애굽에서 인도하여 내셨습니다. 우리가 겪은 많은 고난을 당신도 아시거니와 지금 우리는 에돔의 변방 한 모퉁이 가데스에 머물고 있습니다. 청컨대 우리로 당신의 땅을 통과하여 지나가게 허락해 주십시오. 우리가 밭으로나 포도원으로 통과하지 아니하고 우물물도 마시지 않고 왕의 나라 큰길로만 통과할 것이니 허락해 주십시오" 하고 간청하였습니다. 그때 에돔 왕의 대답은 무엇이었나요?

답: (20:18) ______________________________

문11. 에돔 왕이 이스라엘의 통과함을 용납지 아니하여 그들은 할 수 없이 험한 산길로 돌아갈 수밖에 없었습니다. 그들이 우회하여 이른 곳은 어디였나요?

답: (20:22) ______________________________

문12. 여호와께서 에돔 땅 변경 호르 산에서 모세와 아론에게 말씀하셨습니다. "너희가 므리바 물에서 내 말을 거역한 고로 내가 이스라엘 백성에게 주는 땅에는 들어가지 못하고 그 열조에게로 돌아가리라. 너는 아론과 그 아들 엘르아살을 데리고 호르 산에 올라가라. 아론은 거기서 죽으리라." 모세는 호르 산 꼭대기에 가서 아론과 엘르아살에게 무엇을 하였나요?

답: (20:28) ______________________________

문13. 아론에게서 옷을 벗겨 엘르아살에게 입혔을 때 아론이 죽었고, 모세와 엘르아살은 호르 산에서 내려왔습니다. 아론에게서 벗겨 엘르아살에게 입힌 옷은 무슨 옷인가요?

답: ______________________________

문14. 아론이 죽은 것을 보고 이스라엘 온 회중은 며칠을 애곡하였나요?

답: (20:29) ______________________________

• 문답으로 기억되는 성경 11회

민수기 21-22장

문1. 이스라엘 백성들이 가데스에서 에돔 길로 진행하려 했으나 에돔 왕이 통과함을 용납지 아니하므로 사해 남단에 위치한 아다림 길로 행하다가 가나안 족속인 아랏 왕의 공격을 받고 이스라엘의 몇 사람이 생포되었습니다. 이스라엘은 여호와께 서원하여 "여호와께서 가나안 사람을 우리 손에 붙여 주시면 우리가 그들의 성읍을 섬멸하겠습니다"라고 기도하였고 하나님께서는 그들의 기도를 들어주셨습니다. 이스라엘 백성들은 가나안 사람들과 그 성읍을 완전히 섬멸하였는데, 그 후로 그곳 이름을 무엇이라 하였나요?

답: (21:3) ________________________________

문2. 이스라엘 백성들이 호르 산을 떠나 에돔 땅을 돌아서 홍해로 가는 길로 돌아가게 되었습니다. 가까운 에돔 길을 두고 먼 길로 돌아가게 되자 고생을 참지 못한 그들은 또 다시 투덜거리고 하나님과 모세를 원망하기 시작했습니다. 왜 우리를 애굽에서 끌어내어 이 고생을 시키는 것이냐, 물도 없고 먹을 것도 없는 이곳에서 무엇 때문에 고생을 하는 것이냐, 만나도 이제는 신물이 나서 못 먹겠어, 이러한 그들의 원망과 불평을 하나님께서 들으시고 그들에게 독사(불뱀)를 보내어 원망과 불평하는 사람들을 물어 죽게 하셨습니다. 그러자 이스라엘 백성들이 원망한 잘못을 모세에게 고백하고 여호와께 기도하여 "이 독사(불뱀)들을 우리에게서 떠나게 하소서"라고 하였습니다. 모세가 백성을 위하여 기도하자 여호와께서는 모세에게 무엇을 하라고 하셨나요?

답: (21:8) ________________________________

문3. 그래서 모세는 놋으로 불뱀 모양을 만들어 장대 위에 달고 그것을 쳐다보라고 하였습니다. 독사에 물린 자가 장대에 달아맨 놋뱀을 쳐다봤을 때 어떻게 되었나요?

답: (21:9) ________________________________

문4. 이스라엘 백성들이 호르 산에서 진행한 후 여러 곳에 진을 치매 이동하다가 어느 한 곳에 이르렀을 때에 여호와께서 모세에게 명하시기를 "백성을 모으라. 내가 그들에게 물을 주리라" 하시고 우물을 파게 하셨습니다. 족장과 백성의 지도자들이 그들의 지팡이와 홀로 우물을 팠는데, 그때 물이 솟아났고 이스라엘 백성들이 "우물물아 솟아나라. 이 물을 노래하세" 하며 즐거워하였습니다. 그 일은 어디에 갔을 때 일어났나요?

답: (21:16) ________________________________

문5. 이스라엘 백성들이 모압 들에 있는 골짜기에 이르러 광야가 내려다보이는 비스가 산 꼭대기에 이르렀을 때 아모리 왕 시혼에게 사자를 보내어 당신의 땅을 통과하도록 허락해 달라고 요청했을 때 시혼 왕이 통과함을 용납하지 않겠다고 할 뿐 아니라 군사들을 모아 광야로 나와서 이스라엘을 쳤습니다. 이스라엘은 그들과 싸워 이기고 그 땅 어디까지를 점령하였나요?

답: (21:24) ________________________________

문6. 시혼은 아모리 인의 왕이었는데 그가 전에 모압 왕을 치고 탈취한 땅에 견고한 도성을 세우고 거기 거하였는데 그 땅을 이스라엘이 쳐서 빼앗고 거하였습니다. 그 땅 이름은 무엇인가요?

답: (21:26) ____________________________________

문7. 모세가 또 야셀을 쳐서 취하고 그곳에 살던 아모리 인을 몰아내고 돌이켜 바산 길로 올라가려 할 때 바산 왕 옥이 이스라엘과 싸우려고 군사를 몰고 왔습니다. 그때 여호와께서 모세에게 뭐라고 말씀하셨나요?

답: (21:34) ____________________________________

문8. 이스라엘 백성들이 또 진행하여 모압 평지에 진 쳤는데 그곳은 요단 건너편에 있는 어디의 맞은편이었나요?

답: (22:1) ____________________________________

문9. 모압이 이스라엘 백성들이 자기들 땅에 진 친 것을 보고 심히 두려워하였는데 그 당시 모압 왕의 이름은 무엇인가요?

답: (22:4) ____________________________________

문10. 모압 왕 발락이 브올의 아들 발람에게 사자를 보내어 "애굽에서 나온 한 민족이 있는데 그들이 우리보다 강하니 당신이 와서 그들을 저주하면 우리가 이 땅에서 그들을 몰아낼 수 있을 것입니다. 당신이 복을 비는 자는 복을 받고 저주하는 자는 저주 받는 것을 내가 알고 있습니다" 라고 하였습니다. 발락의 사자가 찾아간 발람의 본향은 어디라고 하였나요?

답: (22:5) ____

문11. 모압의 장로들과 미디안 장로들이 예물을 가지고 발람에게 찾아가서 발락의 말을 전하였습니다. 발람은 발락의 사자들을 맞이하며 뭐라고 하였나요?

답: (22:8) ____

문12. 하나님께서는 발람에게 무슨 말씀을 하셨나요?

답: (22:12) ____

문13. 모압 귀족들이 발락에게 돌아가서 발람이 발락의 요청을 거절하였다고 말하였습니다. 그러자 발락은 더 높은 귀족들을 사신으로 발람에게 다시 보냈습니다. 그리고 원하는 것은 무엇이든 시행할 것이니 청컨대 와서 이 백성들을 저주해 달라고 하였습니다. 그때 발람은 그들에게 어떻게 대답했나요?

답: (22:18) ____

문14. 밤에 하나님이 발람에게 임하셔서 말씀하셨습니다. "그 사람들이 너를 부르러 왔거든 일어나 함께 가라. 그러나 내가 네게 이르는 말만 준행할지니라." 발람은 아침에 일어나서 자기 나귀에게 안장을 지우고 모압 귀족들과 함께 갔습니다. 발람이 모압 귀족들과 함께 가는 것을 보시고 하나님께서는 몹시 진노하셔서 여호와의 사자가 발람을 막으려고 칼을 빼어 들고 길에 섰습니다. 발람은 그것을 보지 못하였으나 누가 그것을 보았나요?

답: (22:23) ______________________________

문15. 여호와의 사자가 칼을 빼어 들고 길에 선 것을 본 나귀가 길에서 떠나 밭으로 들어갔습니다. 그러자 발람이 나귀를 길로 나가게 하려고 어떻게 하였나요?

답: (22:23) ______________________________

문16. 여호와의 사자는 포도원 사이 좁은 길에 섰고 좌우에는 담이 있었습니다. 나귀가 여호와의 사자를 보고 몸을 담에 대고 비빌 때 발람의 발이 상하였고 화가 난 발람이 나귀를 때렸고, 나귀는 발람의 밑에 엎드리니 더욱 노하여 지팡이로 나귀를 때렸습니다. 발람은 지팡이로 나귀를 몇 번 내리쳤나요?

답: (23:28) ______________________________

문17. 여호와께서 나귀의 입을 여시니 나귀가 발람에게 "내가 네게 무엇을 하였기에 이같이 세 번을 때리느뇨" 하니 발람이 말하되 "네가 나를 거역한 연고니 내 손에 칼이 있었다면 너를 죽였으리라" 하자 나귀가 "나는 네가 오늘까지 네 일생에 타던 나귀가 아니냐. 내가 언제든지 네게 이같이 행한 적이 있더냐?" 하고 물었습니다. 그때 발람이 나귀에게 뭐라고 대답했나요?

답: (22:30) ______________________________

문18. 때에 여호와께서 발람의 눈을 밝히시자 여호와의 사자가 칼을 빼들고 길에 서 있는 것을 보고 머리를 숙이며 땅에 엎드렸습니다. "너는 왜 나귀를 이와 같이 세 번씩이나 때렸느냐. 만일 나귀가 나를 보고 세 번이나 피하지 않았더라면 너는 벌써 죽었을 것이다." 그 말을 들은 발람이 여호와의 사자에게 뭐라고 말했나요?

답: (22:34) ______________________________

문19. 여호와의 사자가 발람에게 "그 사람들과 함께 가라. 그러나 너는 내가 너에게 이르는 말만 해야 한다" 고 하였습니다. 그래서 발람은 어떻게 하였나요?

답: (22:35) ______________________________

문20. 발락은 발람이 온다 하는 말을 듣고 모압의 국경 아르논 강변까지 마중을 나갔습니다. 발락은 발람에게 후히 사례하겠다고 하며 기랏후솟으로 가서 소와 양을 잡아 발람과 귀족들을 대접하였습니다. 다음날 아침에 발락은 발람을 데리고 어디로 올라갔나요? 그곳에서 발람은 무엇을 보았습니까?

답: (22:41) ______________________________

• 문답으로 기억되는 성경 12회

민수기 23-24장

문1. 발람은 발락에게 "여기 일곱 단을 쌓고 수송아지 일곱과 숫양 일곱을 준비해 달라"고 하여 각 제단마다 수송아지 한 마리와 숫양 한 마리씩을 올려놓았습니다. 그리고 발락에게 "당신은 당신의 번제물 곁에 서 계십시오. 나는 저쪽으로 가서 여호와께서 혹시 나를 만나 주실는지 알아보겠소" 하고 혼자 산꼭대기로 올라갔습니다. 하나님이 과연 발람에게 임하셨나요?

답: (23:4) ______________________________

문2. 발람은 하나님께 무엇을 말했나요?

답: (23:4) ______________________________

문3. 여호와께서는 발람의 제물에 대해서 뭐라고 말씀하셨나요?

답: (23:5) ______________________________

문4. 발람은 번제물 곁에 있는 발락과 귀족들에게 돌아가, 뭐라고 노래하였는지 노래 내용을 7-10절까지 읽고 간략하게 세 가지로 써 보십시오.

답: (7–10) ① ______________________________

② ______________________________

③ ______________________________

문5. 발람의 노래를 들은 발락이 발람에게 뭐라고 했나요?

답: (23:11) ______________________________

문6. 발락은 저들의 일부만 볼 수 있는 다른 곳으로 가서 그들을 저주해 달라고 발람을 다른 곳으로 데리고 갔습니다. 그곳은 어디인가요?

답: (23:14) ______________________________

문7. 그곳 산위에 제단과 제물을 드리고 발락을 번제물 곁에 있게 하고 다시 가서 여호와의 말씀을 받고 온 발람은 무엇을 노래하였나요? 19-24절까지 읽고 간략하게 둘로 나눠 써 보십시오.

답: (23:19–24) ① ______________________________

② ______________________________

문8. 그 노래를 들은 발락이 발람에게 그들을 저주하지 않으려면 축복도 하지 말라고 하니 발람은 "여호와께서 말씀하신 것을 내가 그대로 말하겠다고 하지 않았소" 라고 하였습니다. 발락이 "그렇다면 다른 곳으로 가봅시다. 그곳에서는 당신이 이스라엘을 저주하는 것을 여호와께서 기뻐하실지 모르지 않소" 그렇게 말하고 발락이 발람을 세 번째 장소로 데려간 곳이 어디였나요?

답: (23:28) ______________________________

문9. 그 산에서 발람은 다시 제단과 제물을 드리게 하고 여호와를 만나러 다른 곳으로 갔나요?

답: ______________________________

문10. 발람은 브올 산 꼭대기에서 무엇을 보았나요?

답: (24:2) ______________________________

문11. 그것을 보는 순간에 발람에게 무슨 일이 일어났나요?

답: (24:2) ______________________________

문12. 발람이 이스라엘의 진을 보고 세 번째로 노래한 내용은 무엇인지 3-9절까지 읽고 간략하게 써 보십시오.

답: (3-9) ______________________________

문13. 발람이 세 번씩이나 이렇게 노래하자 발락이 노하여 손바닥을 치며 말하기를 "내 원수를 저주하라고 당신을 불러왔는데 당신은 세 번씩이나 그들을 축복하는가. 당장 돌아가시오. 내가 당신을 높여 많은 사례를 하려 했으나 여호와가 그것을 막고 말았소" 라고 발락이 말하자 발람이 뭐라고 하였나요?

답: (24:13) ______________________________

문14. 발람이 발락과 헤어지기 전에 네 번째로 예언한 노래가 있습니다. 17절 말씀에 "내가 그를 보아도 이때의 일이 아니며 내가 그를 바라보아도 가까운 일이 아니로다. 한 별이 야곱에게서 나오며 한 홀이 이스라엘에게서 일어나서 모압을 이편에서 저편까지 쳐서 파하고 또 소동하는 자식들을 다 멸하리로다." 여기서 먼 장래에 한 별이 나오고 한 홀이 이스라엘에게서 일어난다 함은 어느 시대 누구를 암시하는 말씀일까요?

답: ______________________________

문15. "아말렉은 열국 중 으뜸이나 종말은 멸망에 이르도다." 이 말씀의 영적인 뜻은 무엇일까요? 여러분의 영적 혜안(慧眼)으로 그 뜻을 적어 보십시오.

답: (요일 2:15-17 참조) ① ______________________________

(출 17:8-16 참조) ② ______________________________

• 문답으로 기억되는 성경 13회

민수기 25-26장

문1. 이스라엘이 요단을 건너기 전 미지막으로 체류한 곳이 싯딤이었는데 싯딤은 모압 평원에 있었습니다. 이스라엘 백성들이 싯딤에서 모압 여자들과 음행하기 시작하였을 때 모압 여자들은 그들의 신 바알에게 브올 산에서 제사할 때 이스라엘 백성들을 청하여 함께 먹고 바알 신에게 절하게 했습니다. 그때 이스라엘 백성들도 모압 여자들을 따라 바알 신에게 절하였고 바알 신을 섬기기 시작하였습니다. 여호와께서는 그 백성들을 보시고 어떻게 하셨나요?

답: (25:3) ________________________________

문2. 여호와께서는 모세에게 백성의 모든 두령들을 잡아 태양을 향하여 여호와 앞에 목매어 달면 여호와의 진노가 떠날 것이라고 하셨습니다. 모세는 이스라엘 사사들에게 명하여 바알브올에게 부속한 사람을 죽이라 하였습니다. 그래서 이스라엘 사람들이 성막 입구에서 울고 있는데 한 이스라엘 사람이 모세와 백성이 보는 앞에서 미디안 여자를 데리고 천막으로 들어갔습니다. 그것을 본 한 사람은 창을 들고 그들의 천막으로 따라 들어가서 창으로 두 남녀를 찔러 죽였습니다. 여호와의 분노로 그들을 죽인 사람은 누구인가요?

답: (25:7) ________________________________

문3. 그 두 사람을 죽였을 때 무슨 일이 있었나요?

답: (25:8) ________________________________

문4. 제사장 아론의 손자 엘르아살의 아들 비느하스가 이스라엘의 범죄를 보고 여호와의 분노로 분개하였으므로 여호와께서 이스라엘을 향한 분노를 돌이키셨습니다. 그러므로 엘르아살에게 평화의 언약을 주셨는데, 그 언약의 내용은 무엇인가요?

답: (25:13) ________________________________

문5. 비느하스의 창에 꿰뚫려 죽은 사람은 어느 지파 족속의 누구이며 그와 함께 죽임을 당한 여자는 어느 종족이며 이름은 무엇이었나요?

답: (25:14) 남자– ________________________________

(25:15) 여자– ________________________________

문6. 미디안 사람들이 이스라엘 사람들을 바알브올에게 절하게 하고 섬기며 모압 여자들과 음행하게 한 원인은 무엇인가요?

답: (25:18) ________________________________

문7. 염병이 그친 후 여호와께서 모세와 제사장 엘르아살에게 모든 이스라엘 백성 가운데 전쟁에 나가 싸울 수 있는 사람이 몇이나 되는지 조사하라고 하셨습니다. 그때 몇 세 이상을 조사하라고 하셨나요?

답: (26:4) ______________________________________

문8. 이스라엘의 장자 르우벤의 자손들 중에 다단과 아비람이 백성의 지도자였는데 고라와 음모하여 모세와 아론에게 반역하고 여호와를 거역하다가 그들의 일당 모두가 땅이 꺼지면서 그 속에 파묻혀 죽었고, 고라의 추종자 250명도 불에 살라 죽었습니다. 그때 고라의 아들들은 어찌되었나요?

답: (26:11) ______________________________________

문9. 유다의 아들들은 엘과 오난과 셀라였는데 셀라, 베레스, 세라, 헤스론, 하물 모두가 유다 종족들인데 계수된 자가 76,500명이었습니다. 엘과 오난은 어떻게 되었나요?

답: (26:19) ______________________________________

문10. 요셉의 아들들은 므낫세와 에브라임이었는데 계수된 므낫세 자손은 52,700명이었습니다. 그들 중에는 아들을 낳지 못하고 딸만 다섯을 낳은 사람이 있었습니다. 그 사람의 이름은 무엇인가요?

답: (26:33) ______________________________________

문11. 여호와께서 모세에게 가나안 땅을 나누어 줄 때 어떤 방법으로 나누어 주라고 하셨나요?

답: (26:53-56) ________________________________

① ________________________________

② ________________________________

문12. 레위 사람들은 이스라엘 자손의 계수에 들지 않았고 그들은 분배 받은 땅이 없었습니다. 그래서 별도로 인구조사를 받았는데 그들 가운데 1개월 이상의 계수된 남자의 수는 몇 명이었나요?

답: (26:62) ________________________________

문13. 모세와 아론이 시내 광야에서 계수한 이스라엘 자손은 여리고 맞은편 요단 가 모압 평지에서 계수한 중에는 한 사람도 들지 못하였는데, 그 이유는 여호와께서 그들이 반드시 광야에서 죽으리라 하셨기 때문이었습니다. 그러나 단 두 사람은 예외였습니다. 그 두 사람은 어느 지파 누구였나요?

답: (26:65) ________________________________

•문답으로 기억되는 성경 14회

민수기 27-28장

문1. 요셉의 아들 므낫세의 자손 가운데 슬로브핫은 딸 다섯만 낳고 죽었습니다. 그 딸들이 모세와 제사장 엘르아살과 족장과 모든 회중 앞에서 말하기를 "우리 아버지가 광야에서 죽었으나 고라의 반역에 들지 않았고 자기 죄로만 죽고 아들이 없나이다. 그렇다고 우리 아버지의 이름을 가문에서 삭제해야 합니까? 우리 아버지의 형제들처럼 우리에게도 기업(땅)을 분배해 주십시오"라고 하여 모세가 그 사연을 여호와께 말씀드리니 여호와께서 뭐라고 말씀하셨나요?

답: (27:7-11) ____________________

문2. 여호와께서는 모세에게 "너는 아바림 산으로 올라가서 내가 이스라엘 백성에게 준 땅을 바라보아라. 그 땅을 바라본 후에 너도 네 형 아론처럼 죽게 될 것이다"라고 하시고 모세가 가나안 땅에 들어가지 못하고 죽어야 하는 이유를 말씀하셨습니다. 그 이유가 무엇이라고 말씀하셨나요?

답: (27:14) ____________________

문3. 모세는 자신이 아바림 산에서 죽는다고 죽음이 선포되었을 때 여호와께 뭐라고 말씀드렸나요?

답: (27:16-17) ______________________________

문4. 여호와께서는 모세의 후계자로 누구를 세우라고 하셨나요?

답: (27:18) ______________________________

문5. 여호수아에게 무슨 일이 있으면 그는 엘르아살에게 물을 것이며 엘르아살은 무엇을 통해서 여호와께 물으라고 하셨나요?

답: (27:21; 출 28:30) ______________________________

문6. 여호수아는 모세의 모든 권한을 위임 받지 못하고 일부만 받았습니다. 모세와 여호수아의 권한 중 다른 것은 무엇인가요?

답: (27:21) ______________________________

문7. 하나님께서는 이스라엘 백성이 가나안 땅에 들어가기 직전에 제사와 절기에 관하여 모세에게 다시 언급하셨습니다. 화제를 드릴 때는 일 년 되고 흠 없는 숫양을 매일 둘씩 드리되 정한 시간 곧 아침에 한 마리, 저녁에 한 마리씩 상번제로 드리라고 하셨습니다. 상번제란 어떻게 드리는 제사를 말하나요?

답: (28:5-6) ____

문8. 안식일에 드리는 제사는 일반적인 날보다 특별한 제사를 드렸는데, 무엇이 달랐나요?

답: (28:9) ____

문9. 월삭에 번제로 드리는 수송아지와 숫양과 일 년 된 흠 없는 숫양은 몇 마리를 드리라고 하였나요?

답: (28:11) ① 수송아지: ______ ② 숫양: ______
③ 일 년 된 흠 없는 숫양:______

문10. 정월 14일은 여호와의 유월절인데 그달 며칠부터 며칠까지 무교병을 먹을 것이라고 하였나요?

답: (28:17) ____

문11. 무교절을 지내는 칠 일 동안 두 번 아무 일도 하지 말고 성회로 모이라고 하였는데, 성회로 두 번 모이는 날은 언제였나요?

답: (28:18, 25; 출 12:15 참조) ① ______________________________
② ______________________________

문12. 칠칠절은 처음 익은 열매를 하나님께 드리는 날로, 유월절 이후 안식일 첫날에서 사십구 일이 지난날이며, 유대인 최대의 농경제입니다. 이 절기를 다른 말로도 썼는데 그 이름은 무엇인가요?

답: (출 34:22 참조) ______________________________

민수기 29-30장

문1. 이스라엘 백성에게는 누구나 어디서나 들을 수 있도록 나팔을 크게 부는 날이 있습니다. 이날은 노동을 하지 않았고 수송아지 한 마리와 숫양 한 마리와 흠이 없는 일 년 된 어린 숫양 일곱 마리를 번제로 바쳤고, 또 고운 밀가루에 기름을 섞어서 번제물과 함께 소제로 드리라고 하셨습니다. 이날을 나팔절이라고 하는데 이날은 몇 월 며칠인가요?

답: (29:1) ______________________________

문2. 7월 10일에는 노동을 하지 말고 금식하며 성회로 모이라고 하셨습니다. 이날의 특징은 무엇인가요?

답: (29:7) ______________________________

문3. 7월 15일에는 성회로 모일 것이요, 아무 노동도 하지 말고 7일 동안 여호와 앞에 절기를 지키라고 하셨습니다. 이 절기의 첫날부터 여덟째 날까지 여호와를 기쁘게 하는 번제로 수송아지와 숫양과 일 년 된 어린 숫양을 바치라고 하셨는데 첫째 날부터 여덟째 날까지 바치라고 하신 수송아지와 숫양과 일 년 된 어린 숫양은 각각 몇 마리씩인지 기록해 보십시오.

답: (29:13-36)

① 첫째 날

수송아지: ______ 숫양: ______ 일 년 된 어린 숫양:______

② 둘째 날

수송아지: ______ 숫양: ______ 일 년 된 어린 숫양:______

③ 셋째 날

수송아지: ______ 숫양: ______ 일 년 된 어린 숫양:______

④ 넷째 날

수송아지: ______ 숫양: ______ 일 년 된 어린 숫양:______

⑤ 다섯째 날

수송아지: ______ 숫양: ______ 일 년 된 어린 숫양:______

⑥ 여섯째 날

수송아지: ______ 숫양: ______ 일 년 된 어린 숫양:______

⑦ 일곱째 날

수송아지: ______ 숫양: ______ 일 년 된 어린 숫양:______

⑧ 여덟째 날

수송아지: ______ 숫양: ______ 일 년 된 어린 숫양:______

문4. 어떤 사람이 여호와께 재산을 바치기로 약속하였거나 하나님께 헌신하기 위하여 금식하기로 서원하였다면 그 사람은 그 약속을 반드시 지켜야 한다고 하셨습니다. 왜냐하면 그 사람은 누구에게 매이거나 누구의 지배하에 있는 사람이 아니기 때문입니다. 그러나 "아직 시집가지 않고 부모의 지도 아래 있는 여자가 여호와께 서원한 것이 있는데 그 아비가 그 서원을 듣고도 그에게 아무 말 없으면 그는 모든 서원을 행할 것이요 지킬 것이라 그러나 그 아비가 그녀의 서원을 허락지 아니하면 그가 서원한 것을 지키지 않아도 죄가 없다" 고 하였습니다. 이것은 하나님께서 그 아비의 무엇을 인정하신 것인가요?

답: ______________________________

문5. 어떤 여자가 처녀 시절에 무슨 서약을 경솔히 하였는데 결혼한 후 남편이 그것을 알고도 아무 말이 없으면 그녀는 자기의 서약이나 약속을 지켜야 하지만 그 남편이 그것을 알고 반대하면 그 서원이나 약속을 지키지 않아도 죄가 없다 하였습니다. 이것은 결혼한 여자에게 남편이 무엇임을 나타낸 것인가요?

답: (엡 5:22-23 참조) ______________________________

문6. 과부나 이혼한 여자가 어떤 서약이나 맹세를 하면 그녀는 반드시 그것을 지켜야 한다고 하였습니다. 과부나 이혼한 여자의 서약은 왜 반드시 지켜야 하는 것인가요?

답: ______________________________

문7. 남편 된 자가 아내의 서약이나 약속을 듣고도 아무 말 없다가 얼마 후 아내의 서약이나 약속을 못 지키게 하면 여자는 책임이 없고 용서를 받는다고 하였습니다. 그러나 그 여자가 지키지 못한 서약이나 약속의 책임을 누가 진다고 하였나요?

답: (30:15) ______________________________

• 문답으로 기억되는 성경 16회

민수기 31-32장

문1. 하나님께서는 모세에게 미디안을 쳐서 이스라엘의 원수를 갚으라고 명하셨습니다. 미디안과 이스라엘은 몇 가지 중요한 관계가 있었습니다. 미디안은 아브라함의 후처 그두라가 낳은 소생 중 넷째 아들로 그 후손들이 시내 반도의 서부에 거주하면서 낙타와 양을 많이 기르는 유목민이었습니다(창 25:2). 요셉이 미디안 대상에게 은 20에 팔린 일이 있었고, 모세는 애굽인을 죽이고 미디안으로 도망쳐 미디안 제사장 겐 사람 이드로의 양 무리를 40년간 쳤습니다. 하나님께서 이들을 쳐서 이스라엘의 원수를 갚으라고 명하신 것은 브올의 아들 발람이 미디안 여자들로 이스라엘 남자들을 꾀어 행음하게 하고 우상을 섬기게 하여 이스라엘의 많은 사람이 염병으로 죽도록 하였기 때문입니다. 모세는 미디안을 치기 위해서 각 지파에서 몇 명씩 뽑아 모두 몇 명을 무장시켰나요?

답: (31:5) ____

문2. 모세의 명을 받은 이스라엘군은 미디안을 쳐서 남자들을 모조리 죽이고, 또 미디안의 다섯 왕을 죽였는데 그 왕들 외에 또 누구를 칼로 죽였나요?

답: (31:8) ____

문3. 여호와 앞에서 발람의 신분은 무엇이었나요?

답: (벧후 2:16 참조) ________________________________

문4. 브올의 아들 발람이 불의의 재물에 유혹되어 그 삯을 사랑한 것을 베드로후서에서는 뭐라고 하였나요?

답: (벧후 2:16 참조) ________________________________

문5. 이스라엘 군대가 미디안을 쳐 죽이고, 사로잡은 자와 노략한 것과 탈취한 것을 가지고 모압 평지에 진을 친 모세와 회중에게 왔을 때 모세와 엘르아살과 족장들이 진 밖에 나가서 그들을 영접하였는데 모세가 군대의 장들 곧 싸움에서 돌아온 백부장, 천부장들에게 화를 냈습니다. 모세가 그들에게 화를 낸 이유는 무엇인가요?

답: (31:15) ________________________________

문6. 미디안 여자들은 무슨 짓을 했나요?

답: (3:16) ________________________________

문7. 그러므로 아이들 중에 남자는 다 죽이고 남자를 안 여자들도 다 죽이고 남자를 알지 못한 여자들만 죽이지 말라 하였습니다. 그리고 전쟁에 나갔던 자들과 모든 포로들과 전쟁에서 탈취한 모든 물건들을 다 깨끗하게 하라고 하였습니다. 그 모든 것을 정결하게 하기 위하여 며칠간 진 밖에 있으라고 하였나요? 그리고 그 모든 사람과 물건을 무엇으로 소독하게 하였나요?

답: ① (31:19) ____

② (31:22-23, 19:2-10 참조) ________________________

문8. 미디안에서 사로잡아온 사람과 약탈해온 짐승의 수를 파악하고 사람과 짐승을 포함하여 모든 전리품을 반으로 나누고 반은 전쟁에 나갔던 군인들에게 주고 절반은 백성들에게 나누어 주라고 하셨습니다. 그리고 군인들이 분배 받은 것 중 500분의 1은 여호와의 몫으로 떼어 제사장 엘르아살에게 주고, 백성들이 분배 받은 것의 얼마를 떼어 성막을 맡은 레위인들에게 주라고 하셨나요?

답: (31:30) ____

문9. 군대의 장관들이 모세에게 와서 "우리가 영솔한 군인들을 계수하니 한 사람의 희생자도 없습니다. 그래서 생명에 대한 감사 예물로 우리가 탈취해온 금패물을 여호와께 드립니다"라고 하였습니다. 그때 여호와께 자원하여 드린 금의 도합이 얼마였나요?

답: (31:52) ____

문10. 르우벤 자손과 갓 자손에게는 심히 많은 가축 떼가 있었습니다. 요단 강 동편 야셀 땅과 길르앗 땅은 가축을 기르기에 적합한 곳이므로 르우벤 자손과 갓 자손이 모세와 제사장 엘르아살과 회중 족장들에게 가서 말하기를 "야셀 땅과 길르앗 땅을 우리에게 산업으로 주어 요단을 건너지 않게 하소서"라고 하였습니다. 그 말을 들은 모세는 르우벤 자손과 갓 자손에게 뭐라고 했나요?

답: (32:6-15) ____

문11. 그러자 르우벤 자손과 갓 자손이 모세에게 "우리는 다만 이곳에 가축을 기르는 우리를 만들고 아이들을 위해 성을 건축하려는 것뿐이요, 우리는 아이들을 요새화된 안전한 곳에 살도록 하고 우리는 무장하고 이스라엘 백성의 선두에서 싸울 것이며 이스라엘 자손 모두가 각기 기업을 얻기까지는 우리 집으로 돌아오지 아니할 것이며 우리는 이편 곧 요단 동편에 기업(땅)을 얻었사오니 요단 저편에서는 기업을 얻지 않을 것입니다" 라고 하였습니다. 그 말을 들은 모세는 그들에게 어떻게 대답하였나요?

답: (32:20-24) ____

문12. 모세는 제사장 엘르아살과 눈의 아들 여호수아와 이스라엘 자손 두령들에게 명하였습니다. "만일 갓 자손과 르우벤 자손이 무장하고 너희와 함께 요단을 건너가서 원수와 싸워 그 땅이 너희 앞에 항복하기에 이르거든 길르앗 땅을 그들에게 기업으로 주어라. 그러나 그들이 너희와 함께 요단을 건너가 싸우지 아니하거든 길르앗 땅을 그들에게 주지 말고 가나안 땅을 기업으로 주어라" 고 하였습니다. 그러자 갓 자손과 르우벤 자손이 "우리는 여호와의 명령대로 싸워 가나안 땅을 굴복시키고 요단 강 이쪽 땅을 우리의 기업이 되게 하겠습니다" 라고 하였습니다. 그래서 모세가 갓 자손과 르우벤 자손과 므낫세 지파 절반에게 그 성읍들을 주었습니다. 그들이 차지한 성읍들의 이름은 무엇인가요?

답: (32:33) ____

문13. 므낫세의 아들 마길의 자손들이 길르앗을 치고 그 땅을 정복하고 거기 살고 있던 사람들을 쫓아내 버렸습니다. 그 땅에 살던 족속들의 이름은 무엇인가요?

답: (32:39) ____

• 문답으로 기억되는 성경 17회

민수기 33–34장

문1. 모세는 여호와의 명령에 따라 이스라엘 백성을 인솔하였던 긴 여정을 기록하였습니다. 이스라엘 백성은 유월절 다음날인 1월 15일에 모든 애굽인들의 목전에서 당당하게 라암셋을 떠났는데 그때 애굽인들은 무엇하고 있었나요?

답: (33:4) ______________________________

문2. 이스라엘 백성이 라암셋을 출발하여 숙곳에 진 쳤고 숙곳에서 출발하여 광야 끝 에담에 진 쳤고 에담에서 발행하여 바알스본 앞 비하히롯으로 돌아가서 믹돌 앞에 진 쳤고 하히롯 앞에서 출발하여 홍해 가운데로 지나 광야에 이르고 에담 광야로 3일 길쯤 들어가서 마라에 친 쳤고 마라에서 출발하여 엘림에 진 쳤습니다. 그러면 엘림까지 진을 친 것은 몇 번째이며 엘림에는 무엇이 있었나요?

답: (33:9) ① ______________________________

② ______________________________

문3. 그들은 다시 엘림을 출발하여 홍해 근처에 진을 쳤고 다음은 신 광야에 진을 쳤고 다음은 돕가에서 진 쳤고 다음은 알루스에 진을 쳤고 다시 발행하여 르비딤에 진을 쳤는데, 그곳에서 백성들이 모세를 원망한 이유는 무엇 때문이었나요?

답: (33:14; 출 17:3) ________________________________

문4. 르비딤에서 출발하여 시내 광야에 진 쳤고 다음은 기브롯핫다아와에 진 쳤고 다시 하세롯에 진 쳤고 다음은 릿마, 림몬베레스, 립나, 릿사, 그헬라다, 세벨산, 하라다, 막헬롯, 다핫, 데라, 밋가, 하스모나, 모세롯, 브네야아간, 홀하깃갓, 욧바다, 아브로나, 에시온게벨, 가데스, 에돔 국경 호르 산에 진 쳤습니다. 이스라엘 자손이 애굽 땅에서 나온 지 40년 5월 1일에 제사장 아론이 여호와의 명으로 호르 산에 올라가자 기기서 죽음을 맞았습니다. 아론이 호르 산에서 죽을 때 그의 나이는 몇이였나요?

답: (33:39) ________________________________

문5. 모세의 명을 받은 아론이 바로와 그 신하들 앞에서 지팡이를 던져 뱀이 되게 첫 이적을 행한 때에 모세는 80세였고 아론은 83세였습니다(출 7:7 참조). 아론은 몇 년 동안 여호와의 명을 받아서 일했나요?

답: ________________________________

문6. 호르 산, 살모나, 부논, 오봇, 이임, 디본갓, 알몬디블라다임, 아바림 산 그리고 요단 가 모압 평지에 진을 쳤는데, 이스라엘 백성이 애굽의 라암셋에서 출발하여 맨 처음 숙곳에 진을 친 이후 요단 가 모압 평지에 진을 치기까지 진을 친 곳은 도합 몇 번인가요?

답: ________________________________

문7. 여리고 맞은편 요단 가 모압 평지에서 여호와께서 모세에게 말씀하셨습니다. "너희가 요단을 건너 가나안 땅에 들어가거든 그 땅 거민을 너희 앞에서 다 몰아내고 그 새긴 석상과 부어 만든 우상을 다 파멸하며 산당을 다 훼파하고 그 땅을 취하여 거기 거하라." 그 땅 거민을 모두 몰아내지 않으면 안 되는 이유 두 가지를 말해보십시오.

답: (33:55-56)

① ______________________________

② ______________________________

문8. 여호와께서는 모세에게 이스라엘 백성이 가나안 땅에 들어가서 차지할 사방 경계에 대하여 말씀해 주셨습니다. "남쪽 경계는 에돔 국경에 접해 있는 신 광야이며 그 경계선은 동쪽으로 사해 남단에서 시작하여 아그랍빔 비탈 남쪽을 지나 신 광야를 지나 가데스바네아 남쪽까지 이르고 또 하살아달과 아스몬까지 이어질 것이며 아스몬에서 돌아서 애굽 국경지역의 시내를 따라 지중해까지 이르느니라. 그리고 서쪽 경계는 지중해가 될 것이다. 북쪽 경계는 지중해에서 호르 산에 이르고 거기서 하맛 고개와 스닷과 시브론을 거쳐 하살에난까지 이를 것이다. 동쪽 경계는 하살에난에서 남쪽으로 스밤에 이르고 거기서 다시 아인의 동쪽 리블라에 이를 것이며 거기서 다시 서쪽으로 꺾어 갈릴리 바다 동쪽 해변에 이르고 거기서 요단 강을 따라 사해에 이를 것이다. 이 경계 안에 든 모든 땅이 너희가 제비뽑아 얻을 땅이리라" 고 하셨습니다. 여호와께서 이 모든 땅을 이스라엘 아홉 지파와 반지파에게 주라고 명하셨는데, 이스라엘은 열두 지파인데 어째서 아홉 지파 반이 가나안 땅을 기업으로 분배 받는 것인가요?

답: (34:14) ______________________________

문9. 여호와께서 모세에게 말씀하셨습니다. “그 땅을 분배해 줄 사람은 제사장 엘르아살과 눈의 아들 여호수아다. 너는 그들의 땅을 분배하는 데 도와줄 사람을 각 지파에서 한 명씩 택하라” 하시고 각 지파에서 임무를 맡는 자 열두 명을 지명해 주셨습니다. 유다 지파에서 택함을 받은 자는 누구인가요?

답: (34:19) ______________________________

문10. 나머지 시므온 지파에서 납달리 지파까지 아홉 지파 대표의 이름을 써 보십시오.

답: (34:20-28) ______________________________

• 문답으로 기억되는 성경 18회

민수기 35-36장

문1. 여호와께서 가나안 땅에서 레위인들이 분배 받을 기업에 대해서 모세에게 말씀하셨습니다. 레위인에게 성읍들을 주게 하고 또 성읍 사면의 들도 그들에게 주어 가축과 물산과 짐승들을 둘 곳이 되게 하라고 하셨습니다. 레위인들이 받을 땅은 그들이 분배 받은 성읍 벽으로부터 측량하여 사방 몇 규빗을 주라고 하셨나요?

답: (35:5) ______________________________

문2. 레위인에게 줄 성읍은 도합 48개의 성읍이었습니다. 그중 몇 개의 성을 도피성으로 정하라고 하셨나요?

답: (35:6) ______________________________

문3. 도피성이란 무엇을 말하는 것인가요?

답: (35:12) ______________________________

문4. 도피성 6개를 어디에 두라고 하셨나요? 이 성에는 어떤 사람이 피신할 수 있나요?

답: (35:14-15) ① ______________________

② ______________________

③ ______________________

문5. 만일 어떤 사람이 쇠나 나무, 돌을 들어 사람을 쳐 죽이면 그는 고의적으로 사람을 죽인 자이므로 그를 반드시 죽여야 한다고 하셨습니다. 죽은 사람을 위해 복수하려는 자가 그를 만나면 어떻게 하라고 하셨나요?

답: (35:21) ______________________

문6. 악의도 없고 의도도 없이 우연히 밀치거나 무엇을 던져 사람을 죽였을 경우 어떻게 처분하라고 하셨나요?

답: (35:24-25) ______________________

문7. 살인자가 도피성 밖으로 나갔을 때 복수하려는 자가 그를 만나 죽였을 경우, 복수한 자는 살인죄로 처벌을 받나요?

답: (35:27) ______________________

문8. 고의로 사람을 죽인 자는 반드시 처벌을 받아야 하지만 살인자로 판명하기 위해서는 몇 사람의 증인이 있어야 하나요?

답: (35:30) ______________________________

문9. 살인자로 판명되었다 해도 많은 벌금을 내면 형벌을 면할 수 있었나요?

답: (35:31) ______________________________

문10. 도피성에 피신해 있던 자가 대제사장이 죽기 전에 대제사장에게 돈을 내고 고향으로 돌아갈 수 없는 이유는 무엇 때문이라고 하셨나요?

답: (35:33) ______________________________

문11. 아버지가 아들이 없이 죽었을 때 딸들이 그 땅을 상속 받도록 하였습니다. 그런데 땅을 상속 받은 딸이 다른 지파의 남자와 결혼한다면 그녀의 땅은 결혼한 남자의 땅, 곧 다른 족속의 땅이 되므로 딸이 속하였던 족속의 땅이 줄어들게 되었습니다. 그래서 모세는 이 문제를 어떻게 해야 할 것인가를 여호와께 물었습니다. 여호와께서는 그 문제에 대해 어떻게 대답해 주셨나요?

답: (36:6) ______________________________

문12. 아들이 없이 죽은 슬로브핫의 다섯 딸은 자기들 조상의 기업을 보존하기 위하여 요셉의 자손 므낫세 자손의 가족에게 시집을 갔나요?

답: (35:12) ______________________________

문13. 슬로브핫의 다섯 딸들이 혼인 문제에 대한 하나님의 말씀을 받아들여 순종한 것은 그들의 마음에 무엇이 있었기 때문일까요?

답: ______________________________

“ 문답으로 기억되는 성경 ”

- 민수기 -

답안

1회 문제 답안 민수기(1-2장)

1. 1개월
2. 20세 이상
3. 육십만 삼천오백오십 명(603,550명)
4. 성막과 그 모든 기구 운반, 성막 봉사, 성막을 지키고 제사 업무 책임을 맡았기 때문에
5. 깃발
6. 레위 지파
7. 요셉의 자손에서 에브라임 지파와 므낫세 지파를 나누어서 계수했음
8. ① 유다 ② 잇사갈 ③ 스불론
9. ① 르우벤 ② 시므온 ③ 갓
10. ① 에브라임 ② 므낫세 ③ 베냐민
11. ① 단 ② 아셀 ③ 납달리
12. 성막과 모든 기구
13. 유다 지파
14. ① 여호와 하나님 (예수 그리스도)
    ② 나의 주, 나의 하나님 나에게 영원한 생명을 주시는 아버지 하나님

2회 문제 답안 민수기(3-4장)

1. 다른 불을 여호와 앞에 드리다가 죽임을 당함
2. 번제단에 피운 숯불을 향로에 담지 않고 다른 데서 피운 숯불을 향로에 담아 향을 피운 것. 향연은 모든 성도들의 기도라, 다른 불의 영적 뜻은 하나님의 뜻과 다른 기도를 말한 것이다(계 8:3-4 참조).
3. 죽임을 당할 것이니라 누구든지 처형시켜라
4. 여호와께서 애굽 땅에서 사람이나 짐승이나 처음 난 것을 다 죽이던 날에 이스라엘의 사람과

짐승은 거룩한 것으로 구별하여 죽이지 않고 살려 주셨다. 그러므로 이스라엘의 처음 난 것을 거룩하신 여호와의 것이라고 하신 것이다. 그러나 여호와께서는 이스라엘의 모든 장자를 대신할 레위 사람들을 여호와의 것으로 거룩히 구별했다. 그러므로 이스라엘의 모든 장자들은 자신들의 목숨 값을 레위인에게 지불해야 했다. 그것을 속전이라 하였고 레위인에게 그 돈으로 성전을 운영하는 경비로 쓰라고 하신 것이다.

5. 1개월 이상 된 모든 남자

6. ① 성막 뒤 서쪽

② 성막 덮개와 출입구 휘장과 성막과 제단을 두른 포장과 뜰 출입구 막과 밧줄을 관리하는 일

7. ① 성막 남쪽

② 법궤와 상과 등대와 단들과 성소에서 쓰는 여러 가지 기구와 휘장을 맡아 관리하고 이와 관련된 제반 업무

8. ① 성막 북쪽

② 성막의 널판과 그 가로대와 기둥과 기둥 받침, 그것에 쓰이는 모든 기구와 성막 뜰의 기둥과 그 받침과 말뚝과 밧줄을 맡아 관리하는 제반 업무

9. 아론의 아들 엘르아살

10. ① 모세와 아론과 아론의 아들들

② 이스라엘 백성을 대표하여 성소의 직무를 수행하였다.

11. 죽일지니라(사형).

12. 아론과 그 아들들

13. 고핫 자손들

14. 만지면 죽기 때문이다.

15. 등유와 분향할 향품과 항상 드리는 소제물과 관유며 성막 전체와 성막에 있는 모든 기구에 대한 것

16. 아론과 그의 아들들

17. 아론의 아들인 제사장 이다말

18. 제사장 이다말

19. 8,580명

3회 문제 답안 민수기(5–6장)

1. 여호와께서 그 진(Camp) 가운데 계시기 때문이다.
2. 5분의 1을 더하여
3. 그 죄 값을 여호와께 드려 제사장에게 속죄할 숫양과 함께 바쳐라
4. 제사장의 것이니 제사장이 갖도록 하여라
5. ① 포도주와 독주를 멀리하며 포도주의 초나 독주의 초를 마시지 말며 생포도나 건포도도 먹지 말라
   ② 그 서원을 하고 구별하는 모든 날 동안은 삭도를 그 머리에 대지 말고 길게 자라게 하라
   ③ 자기 몸을 구별하여 여호와께 드리는 동안은 시체를 가까이 하지 말 것이요 그 부모 형제가 죽은 때에라도 그로 인하여 몸을 더럽히지 말 것이라
6. ① 정결의식이 끝나는 제칠 일에 머리를 깎았다.
   ② 8일째 되는 날에 산비둘기 두 마리나 아니면 집비둘기 새끼 두 마리를 성막 문에 가서 제사장에게 드렸다.
   ③ 제사장은 두 마리 새 중 하나는 속죄 제물로 하나는 번제물로 드려서 시체로 인하여 죄를 얻은 그의 죄를 속하고 그 날로 그의 머리를 성결케 해 주었다.
   ④ 새로 서약의 날을 정하고 일 년 된 숫양을 가져다가 속건제로 드려야 했다. 그는 시체로 인하여 그 몸을 더럽혔은즉 나실인으로 살았던 지나간 날은 다 무효가 된 것이다.
7. ① 헌신하기로 한 날이 차면 그는 회막문으로 가서 번제물과 속죄 제물과 화목제물로 일 년 된 숫양 두 마리와 흠 없는 일 년 된 암양 한 마리를 여호와께 바쳤다.
   ② 그리고 무교병 한 광주리와 고운 가루에 기름 섞은 과자들과 기름 바른 무교전병들과 그 소제물과 포도주로 드리는 전제물도 함께 바쳤다.
   ③ 그런 후에 나실인은 성막 입구에서 그 머리털을 밀고 그것을 화목제물이 타고 있는 불에 넣었다.
   ④ 요제로 드린 제물을 제사장에게 바치는 것으로 서약 규정을 마쳤다. 그 후에 나실인은 자연인으로 돌아가 포도주를 마실 수 있었다.
8. ① 여호와는 네게 복을 주시고 너를 지키시기를 원하며
   ② 여호와는 그 얼굴로 네게 비취사 은혜 베푸시기를 원하며
   ③ 여호와는 그 얼굴을 네게로 향하여 드사 평강 주시기를 원하노라

4회 문제 답안 민수기(7-8장)

1. 고핫 자손들의 직임은 어깨로 메는 일을 하였기 때문이다. 고핫 자손들이 맡은 성막의 기구들은 매우 중요한 것이라서 어깨로 메야 했다.
2. ① 유다 지파 암미나답의 아들 나손
   ② 잇사갈의 족장 수알의 아들 느다넬
   ③ 스불론 자손의 족장 헬론의 아들 엘리압
   ④ 르우벤 자손의 족장 스데울의 아들 엘리술
   ⑤ 시므온 자손의 족장 수리삿대의 아들 슬루미엘
   ⑥ 갓 자손의 족장 드우엘의 아들 엘리아삽
   ⑦ 에브라임 자손의 족장 암미훗의 아들 엘리사마
   ⑧ 므낫세 자손의 족장 브다술의 아들 가말리엘
   ⑨ 베냐민 자손의 족장 기드오니의 아들 아비단
   ⑩ 단 자손의 족장 암미삿대의 아들 아히에셀
   ⑪ 아셀 자손의 족장 오그란의 아들 바기엘
   ⑫ 납달리 자손의 족장 에난의 아들 아히라
3. 증거궤 위 속죄소 위의 두 그룹 사이에서
4. ① 앞쪽 ② 7개
5. 안수하였다.
6. 속죄제물과 번제물
7. 25세부터 50세까지

5회 문제 답안 민수기(9-10장)

1. 2월 14일 해질 때에 지킬 것과 어린양 고기를 먹으며 무교병과 함께 쓴 나물을 아울러 먹을 것이며 그것을 다음날 아침까지 조금도 남겨 두지 말며 그 뼈를 하나도 꺾지 말아서 유월절 모든

율례대로 지켜야 한다.

2. 그들도 똑같은 규정을 따라 유월절을 지켜도 된다고 하심

3. 구름이 떠오르면 행진하였고 구름이 내려와 머물면 거기서 진을 쳤다.

4. 구름이 떠오르면 언제든지 행진하였다.

5. 진에 머물렀다.

6. 은

7. 두 개로 불 때 : 모든 백성이 성막 입구 모세 앞에 모이게 하고

하나만 불 때 : 대표들만 모세 앞에 모이게 하라

8. 첫 번째 불 때 : 동쪽에 있는 진 곧 회막 앞에 있는 진들

두 번째 불 때: 남쪽에 있는 진들

9. 아론의 자손인 제사장

10. 나팔을 울려 불어라.

11. 희락의 날과 정한 절기 그리고 매월 초하루에 번제물과 화목제물을 드릴 때

12. 유다 지파 진 기에 속한 자들

13. 게르손 자손과 므라리 자손이 성막을 메고 진행하였다.

14. ① 르우벤 진 기에 속한 자들

② 시므온 지파의 군대

③ 갓 지파의 군대

15. 고핫 자손들은 성막 몸체를 운반하지 않고 성막 안에서 사용되는 성물을 메고 운반하였다. 성막 몸체를 게르손 자손과 므라리 자손이 메고 먼저 떠났기 때문이다.

16. 모세의 장인 미디안 사람 르우엘(이드로)의 아들 호밥

17. 떠날 때: 여호와여 일어나사 주의 대적들을 흩으시고 주를 미워하는 자로 주의 앞에서 도망하게 하소서

멈출 때: 여호와여 이스라엘 천만인에게 돌아오소서

6회 문제 답안 민수기(11-12장)

1. 다베라
2. 모세
3. ① 이 많은 백성의 요구를 나 혼자 해결할 수 없고 이 무거운 짐을 나 혼자 질 수 없습니다.
   ② 고기를 달라 하는데 어디서 고기를 갖다 줍니까.
   ③ 차라리 나를 죽여주시어 이 곤고함을 보지 않게 하옵소서.
4. 그들이 모세가 진 백성의 짐을 담당하여 모세 혼자서 지지 않게 하기 위함이었다.
5. 내가 인도하는 이 백성들이 여자나 아이를 제외하고도 60만 명이나 되는데, 그 많은 사람들에게 어떻게 한 달 동안 먹을 고기를 주시겠다는 것입니까?
6. 여호와의 손이 짧아졌느냐. 내가 못하는 일이 있겠느냐. 너는 이제 내 말이 사실인지 아닌지 응하는 여부를 보리라.
7. 네가 나를 위해 그들을 시기하느냐. 여호와께서 그 신을 그 모든 사람에게 주사 다 선지자 되게 하시기를 원하고 계신다.
8. 두 규빗(약 1미터 높이)
9. 기브롯 핫다아와, 탐욕을 낸 백성들이 장사된 곳(탐욕의 무덤)
10. 모세와는 내가 대면하여 명백히 말하고 은밀한 말로 아니하며 모세는 또 내 형상을 보는 자인데 너희가 어찌하여 내 종 모세 비방하기를 두려워하지 아니하느냐.
11. 미리암이 문둥병에 걸려 온몸이 하얗게 됨
12. 슬프다, 내 주여 우리가 우매한 일을 하여 죄를 얻었으니 우리 허물을 용서해주시오.
13. 미리암의 문둥병을 고쳐 주기는 하겠지만 그를 진 밖에 가두어 두고 칠 일 동안 부끄러움을 당하게 하라고 하셨다.
14. 바란 광야

7회 문제 답안 민수기(13-14장)

1. 바란 광야
2. ① 여호수아 - 에브라임 지파 ② 갈렙 - 유다 지파
3. 남방 길 산지로 가라.
4. ① 그 땅 거민의 강약 ② 그 땅 거민이 많은지 적은지
   ③ 그 땅이 좋은지 나쁜지 ④ 산성인지 진영인지
   ⑤ 토질이 비옥한지 메마른지 ⑥ 나무들은 있는지 없는지
5. ① 포도 ② 석류 ③ 무화과
6. 갈렙, 우리가 올라가서 그 땅을 취하자 능히 이기리라
7. ① 우리는 능히 그 백성을 이기지 못한다. 그들은 우리보다 강하다.
   ② 우리가 두루 다니며 탐지한 땅은 그 거민을 삼키는 땅이다. 거기서 본 모든 백성들은 신장이 장대하였다.
   ③ 거기서 또 네피림의 후손 아낙자손 대장부들은 보았는데 그들에 비하면 우리는 메뚜기와 같다.
8. ① 우리가 애굽에서 죽었거나 이 광야에서 죽었더면 좋았을 것을
   ② 어찌하여 여호와가 우리를 그 땅으로 인도하여 칼에 죽게 하려 하는가. 우리 처자가 사로잡히리니 애굽으로 돌아가는 것이 낫지 아니하랴.
   ③ 우리가 한 장관을 세우고 애굽으로 돌아가자.
9. 모든 회중 앞에서 땅에 엎드려 하나님께 기도하였다.
10. ① 우리가 두루 다니며 탐지한 땅은 아름다운 땅이라.
    ② 여호와께서 기뻐하시면 우리를 그 땅으로 인도하여 들이시고 그 땅을 우리에게 주시리라. 이는 과연 젖과 꿀이 흐르는 땅이니라.
    ③ 오직 여호와를 거역하지 말라. 또 그 땅 백성을 두려워하지 말라. 그들은 우리의 밥이라. 그들의 보호자는 그들에게서 떠났고 여호와는 우리와 함께 하시느니라. 그들을 두려워하지 말라.
11. 온 회중이 그들을 돌로 치려 하였다.
12. 이 백성이 어느 때까지 나를 멸시하겠느냐. 내가 그들 중에 모든 이적을 행한 것도 생각하지 않고 어느 때까지 나를 믿지 않겠느냐. 내가 전염병으로 그들을 쳐서 멸하고 너로 그들보다 크고 강한 나라를 이루게 하리라.

13. ① 여호와께서 만일 그리하신다면 주의 위대한 이름을 알고 있는 모든 나라 사람들이, 여호와가 이 백성에게 주기로 맹세한 땅에 인도할 능력이 없는 고로 광야에서 죽였다 할 것입니다.

② 구하옵나니 주의 인자하심이 크시오니 이 백성의 죄악을 사하시되 애굽에서 지금까지 사하신 것같이 사하옵소서.

14. 내가 그 조상들에게 맹세한 땅을 결단코 보지 못할 것이다.

15. 오직 내 종 갈렙은 그 마음이 그들과 달라서 나를 온전히 좇았은즉 그의 갔던 땅으로 내가 그를 인도하여 들이리니 그 자손이 그 땅을 차지하리라.

16. 갈렙과 여호수아만 제외하고 여호와를 원망한 20세 이상의 전부가 다 죽고 들어가지 못한다.

17. 정탐꾼들이 가니안 땅을 탐지한 날수가 40일인데 그 40일의 하루를 일 년으로 한산하여 그 40년간 너희가 너희 죄악을 질지니 내가 너희를 싫어하게 된 것을 알리라

18. 여호수아와 갈렙은 생존하였으나 그 땅에 대하여 악평한 열 사람은 모두 여호와 앞에서 재앙으로 죽었다.

19. 그래도 그들은 산간지대로 올라갔고 산지에 거하는 아말렉 족과 가나안 족이 내려와 그들을 쳐서 죽이고 호르마까지 밀고 왔다.

8회 문제 답안 민수기(15-16장)

1. ① 에바 십분의 일(4.4리터) ② 한 힌의 사분의 일(약 1.2리터)
2. 여호와 앞에서는 모든 사람이 평등하므로 그들에게도 동일한 법과 규정이 적용되었다.
3. 그는 여호와를 멸시하는 자이므로 처형시켜라. 그는 죄의 대가를 받아 죽는 것이 마땅하다.
4. 진 밖으로 끌어내어 그를 돌로 쳐 죽이라고 하셨다.
5. 옷단 귀에 술을 달고 청색 끈을 그 귀의 술에 더하라.
6. 이스라엘 회중 모두가 다 각각 거룩하고 여호와께서도 그들 중에 계시거늘 왜 너희만 여호와의 총회 위에 스스로 높이느냐, 하는 것이었다.
7. 내일 아침에 여호와께서 거룩한 자가 누구인지 알게 하시리라. 고라와 너희 무리는 향로에 불을 담고 여호와 앞에서 향을 피워라. 그러면 누가 여호와의 택하신 자인지 알게 될 것이다. 레위인들아! 이스라엘의 하나님이 너희를 이 백성 가운데서 구별하여 성막에서 그를 섬기게 하신 일이 작은 일이 아니거늘 어째서 너희가 제사장 직분까지 맡으려고 한 패거리가 되어 여호와를

거스르며 아론을 원망하느냐.

8. 주는 저들의 예물을 돌아보지 마옵소서. 나는 저들의 나귀 한 마리도 빼앗은 적이 없고 저들 누구 한 사람에게도 해한 적이 없나이다.
9. 모든 육체의 생명의 근원이신 하나님이여, 한 사람이 범죄하였거늘 온 회중에게 진노하십니까?
10. 그들의 밑의 땅이 갈라지며 그들과 그 가속과 고라에게 속한 모든 사람과 물건을 삼키매 그들과 그 모든 소속이 산채로 음부에 빠지며 땅이 그 위에 합하니 그들이 총 회중에 망하였다.
11. 여호와께로서 불이 나와서 분향하는 이백오십 인을 소멸하였다.
12. 제단을 싸서 이스라엘 자손의 기념물이 되게 하여 제사장 외에는 여호와 앞에 분향하지 못하게 함이며 고라와 같은 자들이 다시는 없게 하기 위함이었다.
13. 염병이 시작됨
14. 향을 피워 백성을 위하여 속죄하고 죽은 자와 산 자 사이에 서서 염병을 그치게 하였다.
15. 일만 사천칠백 명

9회 문제 답안 민수기(17-18장)

1. 지팡이를 회막 안에서 내가 너희와 만나는 증거궤 앞에 두라.
2. 레위 지파를 대표하는 아론의 지팡이에 움이 돋고 순이 나고 꽃이 피어서 살구 열매가 열렸다.
3. 증거궤 앞으로 도로 가져다가 거기 간직하여 패역한 자에 대한 표징이 되게 하여 그들로 하나님께 대한 원망을 그치고 죽지 않게 하라 하였다.
4. 말씀으로 깨어 있어야 한다. 말씀의 눈을 뜨고 세상 잠에서 깨어나야 성령의 열매를 맺을 수 있다.
5. 레위인들
6. 소금 언약
7. 이스라엘 자손이 바친 십일조
8. 제사장 아론에게 주어라.
9. 아론과 그의 아들들(제사장의 것)

10회 문제 답안 민수기(19-20장)

1. ① 백향목 ② 우슬초 ③ 홍색실
2. ① 잿물로 스스로 정결케 하라
   ② 제삼일과 제칠일에 씻으라 하셨다.
3. ① 불사른 재와 흐르는 물을 그릇에 담아 잿물을 만든다.
   ② 정한 자가 우슬초를 가지고 그 잿물을 적셔서 부정을 입은 자의 모든 기구와 거기 있던 사람들과 부정을 입은 자에게 뿌린다.
   ③ 제삼일과 제칠일에 그를 정결케 할 것이며 그가 자기 옷을 빨고 물로 몸을 씻으면 저녁에 정하게 되었다.
4. 부정이란 죄를 뜻하는 것이다. 죄는 전염병과 같아서 다른 사람에 쉽게 전염되므로 철저한 주의와 방지를 요하는 것임을 깨달았다.
5. ① 모세와 아론의 누나
   ② 모세가 갈대밭에 버림을 받았을 때 그가 멀리서 지켜보다가 바로의 딸 공주에게 가서 자기 어머니를 모세의 유모로 정하도록 재치를 발휘하였다.
6. 지팡이를 가지고 네 형 아론과 함께 회중을 모으고 그들의 목전에서 너희는 반석에게 명하여 물을 내라 하라, 네가 그 반석으로 물을 내게 하여 회중과 그들의 짐승에게 마시울지니라
7. 지팡이로 반석을 두 번 치자 물이 솟아 나왔다.
8. 예수 그리스도
9. 가나안 땅
10. 너는 우리 땅을 통과하지 못하리라 내가 나가서 칼로 너를 맞을까 염려하라
11. 호르 산
12. 아론의 옷을 벗겨 그 아들 엘르아살에게 입혔다.
13. 대제사장이 입는 성의
14. 30일

11회 문제 답안 민수기(21-22장)

1. 호르마
2. 불뱀(독사)을 만들어 장대 위에 달라. 물린 자마다 그것을 보면 살리라.
3. 만져서 산 것이 아니고 쳐다보아서 살게 되었다.
4. 브엘
5. 아르논에서 얍복까지 점령하였다.
6. 헤스본
7. 그를 두려워 말라 내가 그와 그 백성을 네 손에 붙였나니 너는 헤스본에 거하던 아모리 인의 왕 시혼에게 행한 것같이 그에게도 행할지니라
8. 여리고
9. 십볼의 아들 발락
10. 강변 브돌
11. 이 밤에 여기서 유숙하시오. 여호와께서 내게 말씀하시는 대로 알려주겠소.
12. 너는 그들과 함께 가지도 말고 그 백성을 저주하지도 말라 그들은 복을 받은 자니라
13. 발락이 그 집에 은금을 가득히 채워서 내게 줄지라도 내가 능히 여호와 내 하나님의 말씀을 어기어 덜하거나 더하지 못하겠다. 그러나 당신들은 이 밤에 여기서 유하시오. 혹시 여호와께서 내게 다른 말씀을 더 하실는지 알아보겠소라고 하였다.
14. 나귀
15. 채찍질하였다.
16. 세 번
17. 없었다.
18. 내가 죄를 범했습니다. 나를 막으려고 당신이 길에 서 계신 것을 몰랐습니다. 내가 가는 것을 기쁘게 여기지 않으신다면 나는 돌아가겠습니다.
19. 발람은 발락의 귀족들과 함께 갔다.
20. 바알의 산당에 올라갔고 발람은 그곳에서 이스라엘 백성의 진을 끝까지 보게 되었다.

12회 문제 답안 민수기(23-24장)

1. 임하셨다.
2. "내가 일곱 제단을 쌓고 단마다 수송아지 한 마리와 숫양 한 마리씩 드렸습니다"라고 하였다.
3. 아무 언급도 없으시고 발람에게 가서 말할 것을 지시하셨다.
4. ① 발락이 나를 이 산에 데려와 이스라엘을 저주하고 꾸짖으라 하는구나. 여호와께서 저주하지 않고 꾸짖지 아니한 자를 내 어찌 꾸짖을까?
   ② 내가 산에서 이스라엘을 보니 그 백성은 홀로 처한 백성이요. 다른 백성과 다른 특별한 민족이구나.
   ③ 이스라엘의 후손들이 땅의 티끌같이 많으니 누가 능히 그 수를 계수할 수 있을까. 나도 의로운 이스라엘 백성처럼 죽기를 바라며 나의 종말이 그들의 종말같이 되기를 바란다.
5. 내 원수들을 저주해 달라고 당신을 데려왔는데 당신은 오히려 축복만 한 것이 아니오.
6. 소빔 고원의 비스가 산꼭대기
7. ① 하나님은 인생이 아니시니 거짓이 없고 인자가 아니시니 후회하지 않는다. 하나님이 이스라엘에게 약속하신 것을 어찌 지키지 않을 것인가.
   ② 이스라엘은 여호와께서 그들과 함께 계시니 불행을 당하지 않을 것이다. 이스라엘이 여호와를 왕으로 부르니 여호와가 그들의 왕이로구나. 여호와가 그들을 애굽에서 인도하여 내셨으니 그 힘이 들소와 같구나. 그러니 이스라엘을 해할 사술이 없고 그들을 해칠 복술이 없구나. 이 백성이 암사자같이 일어나서 움킨 것을 먹고 그 피를 마시기 전에는 눕지 않을 것이다.
8. 광야가 내려다보이는 브올 산 꼭대기
9. 가지 않았다.
10. 이스라엘 백성이 각 지파별로 진을 치고 있는 것을 보았다.
11. 하나님의 신이 그의 위에 임하셨다.
12. 하나님이 눈을 여시어 보게 된 자가 이스라엘의 진친 것을 보니 정말 아름답고 훌륭하구나. 그들이 펼친 진영의 모습이 강변 골짜기의 동산 같구나. 그 왕이 아각보다 높으니 그 나라가 왕성하리라. 그들이 애굽에서 나와 그들을 대적하는 나라들을 삼키고 원수들의 심장을 꿰뚫는구나. 이스라엘아 너를 축복하는 자는 복을 받을 것이요. 너를 저주하는 자는 저주를 받으리라.
13. 당신이 은금을 가득히 채워서 내게 줄지라도 나는 여호와께서 말씀하신 대로만 말할 것이라 하지 않았습니까.

14. 신약 시대의 예수 그리스도

15. ① (요일 2:15-17) 아말렉은 육체를 비유한 것이다. 육체의 성공적 삶은 귀하고 복된 것이나 결국은 죽어 소멸되고 마는 것이다.

② (출 17:8-16) 성도는 신앙의 길에서 육체의 정욕과 싸워야 한다. 이스라엘이 아말렉과 싸워서 어떻게 이겼는가 하는 것은 성도들이 육체의 정욕과 싸워서 이기는 길이 무엇인가를 깨닫게 한다.

13회 문제 답안 민수기(25-26장)

1. 진노하셨다.

2. 제사장 아론의 손자 엘르아살의 아들 비느하스

3. 여호와의 진노로 이스라엘 백성들을 죽이던 염병이 그쳤다.

4. 그와 그 후손에게 영원한 제사장 직분을 주신다는 것

5. 남자: 시므온 지파 살루의 아들 시므리

여자: 미디안 종족 두령 수르의 딸 고스비

6. 이스라엘을 망하게 하려고 발람의 코치(꾀)를 받아서 궤계를 쓴 것이다.

7. 20세 이상의 남자

8. 고라의 아들들만은 죽지 않았다.

9. 엘과 오난은 애굽 땅 고센으로 가기 전 가나안 땅에서 죽었다.

10. 헤벨의 아들 슬로브핫

11. ① 계수된 자의 인원수에 비례하여

② 적은 인원은 적은 자끼리, 많은 인원은 많은 자끼리 제비 뽑게 하라.

12. 23,000명

13. ① 유다 지파 여분네의 아들 갈렙

② 에브라임 지파 눈의 아들 여호수아

14회 문제 답안 민수기(27-28장)

1. 슬로브핫의 딸들 말이 옳다. 그들의 아비에게 돌아갈 몫을 그들에게도 주어 그들도 땅을 소유하게 하라. 어떤 사람이든 아들 없이 죽으면 그 재산을 딸에게 물려주고, 딸도 없이 죽으면 형제에게, 형제도 없으면 삼촌에게, 삼촌도 없으면 가장 가까운 사람에게 물려주도록 하여라. 이것이 이스라엘 백성이 대대로 지켜야 할 법이다.
2. 신 광야에서 백성들이 물이 없다고 불평할 때에 너희 두 사람이 나의 명령을 거역하고 그들 앞에서 나를 거룩한 자로 높이지 않았기 때문이다.
3. 전쟁에서 이들을 지휘할 새 지도자를 세워서 이 백성이 목자 없는 양같이 되지 않게 하소서.
4. 신에 감동된 자 여호수아를 데려다가 안수하고 그를 제사장 엘르아살과 모든 백성들 앞에 세우고 그를 네 후계자로 임명하라.
5. 우림과 둠밈으로
6. 모세는 제사장에게 명령하고 제사장을 다스릴 권세를 가졌으나 여호수아는 무슨 일이 있으면 제사장에게 가서 묻고 제사장의 지시를 받아야 했다.
7. 제단에서 계속적으로 태우는 제사를 말한 것이다.
8. 다른 날보다 갑절로 제물을 바쳐 제사를 드렸다.
9. ① 둘 ② 한 마리 ③ 일곱
10. 15일부터 21일까지 7일 동안
11. ① 무교절 첫날인 15일에 성회로 모임
    ② 제7일 무교절이 끝나는 21일에 다시 모였다.
12. 맥추절, 오순절

15회 문제 답안 민수기(29-30장)

1. 7월 1일
2. 마음을 괴롭게 하는 것

3. ① 첫째 날 : 수송아지 13마리, 숫양 2마리, 일 년 된 어린 숫양 14마리
   ② 둘째 날 : 수송아지 12마리, 숫양 2마리, 일 년 된 어린 숫양 14마리
   ③ 셋째 날 : 수송아지 11마리, 숫양 2마리, 일 년 된 어린 숫양 14마리
   ④ 넷째 날 : 수송아지 10마리, 숫양 2마리, 일 년 된 어린 숫양 14마리
   ⑤ 다섯째 날 : 수송아지 9마리, 숫양 2마리 일 년 된 어린 숫양 14마리
   ⑥ 여섯째 날 : 수송아지 8마리, 숫양 2마리, 일 년 된 어린 숫양 14마리
   ⑦ 일곱째 날 : 수송아지 7마리, 숫양 2마리, 일 년 된 어린 숫양 14마리
   ⑧ 여덟째 날 : 수송아지 1마리, 숫양 1마리, 일 년 된 어린 숫양 7마리
4. 아비의 권위
5. 남편은 아내의 머리
6. 그 남편에게 매이지 않은 독립된 자이기 때문에
7. 그 여자의 남편이 아내의 죄에 대하여 책임을 진다.

16회 문제 답안 민수기(31–32장)

1. 각 지파에서 1,000명씩 뽑아 모두 12,000명을 무장시켰다.
2. 브올의 아들 발람
3. 선지자
4. 선지자의 미친 짓
5. 미디안 여자들을 살려서 데리고 왔기 때문
6. 그들이 발람의 꾀를 좇아 이스라엘 자손들로 브올 산에서 우상에게 제사하게 하고 음행하여 여호와께 범죄하여 회중에 염병이 일어나게 하였다.
7. ① 칠 일 동안
   ② 재를 섞은 물과 불 (19:2–10 참조)
8. 50분의 1
9. 일만 육천칠백오십 세겔(약 190킬로그램)
10. 형제들은 요단을 건너 싸우러 가는데 너희는 여기 눌러 앉겠다는 것이냐. 너희가 어찌하여 이스라엘 자손 모두를 낙심케 하느냐. 내가 가데스바네아에서 가나안 땅을 탐지해 오라고 너희

조상들을 보냈을 때에도 이런 짓을 하여 모든 백성을 낙심케 하였고 여호와께서 이스라엘 백성에게 분노하시어 여호수아와 갈렙을 제외하고 20세 이상 된 자들은 한 사람도 가나안 땅에 들어가지 못하고 이 광야에서 죽으리라 하셨고 또 너희가 가나안 땅을 탐지한 40일의 1일을 1년으로 환산하여 40년을 광야에 방황하리라 하신 것인데 그 죄인들의 후손인 너희가 조상들과 똑같은 짓을 하여 여호와의 분노를 다시 가중시키려는 것이냐? 만일 너희가 여호와의 말씀을 불순종한다면 하나님은 우리 모두를 이 광야에서 버리실 것이요, 너희는 이스라엘의 멸망에 대하여 책임을 져야 할 것이다.

11. "너희가 다 무장하고 요단을 건너가서 원수들을 쫓아내고 완전히 승리할 때까지 함께 싸우면 이 땅은 여호와 앞에서 너희 산업이 되리라마는 만일 너희가 말한 것같이 행하지 아니하면 여호와께 범죄함이니 너희 죄가 정녕 너희를 찾아낼 줄 알라. 너희는 유아들을 위하여 성읍을 건축하고 양을 위하여 우리를 지으라"고 허락하였다.
12. 아모리 인의 왕 시혼의 국토와 바산 왕 옥의 국토의 모든 성읍들과 그 사면의 땅들
13. 아모리 족속

17회 문제 답안 민수기(33-34장)

1. 애굽인은 여호와께서 죽인 그 모든 장자들을 장사하는 때였다.
2. ① 5번째
   ② 샘물 12과 종려나무 70주
3. 마실 물이 없으므로
4. 123세
5. 40년
6. 41번
7. ① 만일 그 땅 거민을 남겨두면 그들이 눈의 가시와 옆구리를 찌르는 가시같이 되어 괴롭게 할 것이다.
   ② 만일 그 땅 거민을 남겨두면 여호와께서 그들을 멸망시키려고 계획한 것을 너희에게 행하리라 하셨기 때문이다.
8. 르우벤 자손과 갓 자손과 므낫세의 반 지파가 여리고 맞은편 요단 건너편 곧 해 돋는 편에서

그 기업을 먼저 받았기 때문이다.

9. 갈렙

10. ① 시므온 : 스므엘 ② 베냐민 : 엘리닷 ③ 단 : 북기 ④ 므낫세 : 한니엘
⑤ 에브라임: 그므엘 ⑥ 스불론 : 엘리사반 ⑦ 잇사갈 : 발디엘 ⑧ 아셀 : 아히훗
⑨ 납달리 : 브다헬

18회 문제 답안 민수기(35-36장)

1. 사방 이천 규빗(동서남북 900미터)
2. 도피성 6개
3. 살인자가 군중 앞에서 정당한 재판을 받을 때까지 복수하려는 자에게 죽임을 당하지 않고 피신할 수 있는 곳
4. ① 3성읍은 요단 강 동쪽에
② 3성읍은 가나안 땅에
③ 잠시 거주자, 외국인, 이스라엘인 사람을 죽인 자는 누구나
5. 직접 죽여라.
6. 회중들로 그것이 과실인지 고의인지 판명토록 하고 과실로 판명되면 그를 도피성으로 돌려보내고 그는 대제사장이 죽을 때까지 도피성에서 살아야 했다.
7. 살인죄가 되지 않는다.
8. 두 사람 이상의 증인이 있어야
9. 살인자는 형벌을 벌금으로 대신할 수 없다.
10. 살인자를 처형하지 않으면 피로 더럽힌 땅을 깨끗하게 할 수가 없다.
11. 아들 없이 죽은 아버지의 땅을 상속 받은 딸은 마음대로 시집갈 수 있지만 오직 그 조상 지파의 가족에게로만 시집가도록 하라. 그러면 자기 조상의 기업을 보존할 수 있다.
12. 네
13. 말씀에 순종하는 믿음

문답으로 기억되는 성경(민수기)

2014년 5월 25일 인쇄
2014년 5월 30일 발행

지은이 | 김백문
발행인 | 이형규
발행처 | 쿰란출판사

주소 | 서울특별시 종로구 이화장길6(이화동)
TEL | 02-745-1007, 745-1301~2, 747-1212, 743-1300
영업부 | 02-747-1004, FAX / 02-745-8490
본사평생전화번호 | 0502 756-1004
홈페이지 | http://www.qumran.co.kr
E-mail | qrbooks@gmail.com
qrbooks@daum.net
한글인터넷주소 | 쿰란, 쿰란출판사

등록 | 제1-670호(1988.2.27)

책임교열 | 정연숙 · 오 완

값 8,000원

ISBN 978-89-6562-606-0 93230